Sommaire

Préface

Bien que BTS ait participé activement à l'écriture d'innombrables grandes chansons, ce livre présente une sélection de dix titres au total comprenant « Yet To Come » de l'album *Proof* (2022), afin de se pencher sur le sens profond des paroles et sur les diverses histoires qui les entourent. Cette sélection repose sur deux enquêtes menées en 2020 auprès d'environ 145 000 ARMY, et en 2021 auprès de 204 000 ARMY, interrogés sur leurs chansons préférées de BTS.

Nous avons aussi analysé les listes des chansons de plusieurs concerts, de *LOVE YOURSELF TOUR* en 2018-2019 à *BTS PERMISSION TO DANCE ON STAGE* en 2021-2022, et classé dix titres, selon le déroulement des concerts, dans des catégories telles que la chanson d'ouverture (OUVERTURE), la chanson pour danser (DANSE), la chanson dédiée à ARMY (POUR ARMY), et la chanson de clôture (CLÔTURE). Nous espérons que la lecture de ce livre donnera aux lecteurs l'impression d'assister réellement à un concert de BTS.

Chaque chapitre se concentre sur une chanson et comprend trois sections : « À propos de la chanson », « Chantez en suivant les *fan-chants* » et « Lyrics Inside ». À la fin de chaque partie, composée de deux ou trois chapitres, nous avons relaté des anecdotes liées aux concerts ou des histoires tirées de la culture coréenne susceptibles d'aider les lecteurs à comprendre encore plus en profondeur le sens de la chanson.

La section « À propos de la chanson » de chaque chapitre permet aux lecteurs de découvrir une brève présentation de l'album et de la chanson, ainsi que de petites anecdotes sur l'écriture des paroles et des interviews officielles de BTS, entre autres. La section « Chantez en suivant les *fan-chants* » présente aux lecteurs les paroles complètes, leur romanisation et les *fan-chants* afin qu'ils puissent chanter.

La section « Lyrics Inside » est conçue pour aider les lecteurs à comprendre un peu plus profondément les paroles coréennes écrites par BTS grâce à leur traduction, mais aussi à l'explication des expressions et du vocabulaire coréens utilisés, ainsi qu'aux commentaires détaillés sur les chansons proposées. Dans cette section, nous présentons également des commentaires sur les paroles des chansons tirés des interviews et des réseaux sociaux de BTS, afin que les lecteurs puissent s'identifier davantage aux messages véhiculés par les chansons du groupe.

Nous espérons que les lecteurs entonneront les chansons présentées dans ce livre en se sentant vraiment concernés par les messages de celles-ci et que, grâce à la lecture de cet ouvrage, ils éprouveront du réconfort à l'écoute de ces chansons. Nous souhaitons qu'ils puissent rire et danser avec BTS, mais aussi leur apporter du soutien lorsque ces derniers en auront besoin.

Nous espérons également qu'ils ressentiront davantage d'empathie pour BTS en comprenant mieux le sens de leurs chansons dans leur langue originale et pourront vivre l'expérience qui consiste à partager les chansons avec le groupe, à travers la musique, ce langage universel qui lie BTS à ses fans.

Cake

DISCOGRAPHIE DE BTS

weverse shop

juin 2013

2 COOL 4 SKOOL

septembre 2013

O!RUL8,2?

février 2014

SKOOL LUV AFFAIR

août 2014

DARK & WILD

septembre 2017

**LOVE YOURSELF
承 'Her'**

CHAPITRE 6 ▼
Magic Shop

mai 2018

**LOVE YOURSELF
轉 'Tear'**

CHAPITRE 4 ▼
IDOL

août 2018

**LOVE YOURSELF
結 'Answer'**

CHAPITRE 1 ▼
작은 것들을 위한 시
(Boy With Luv) (Feat. Halsey)

CHAPITRE 8 ▼
소우주 (Mikrokosmos)

avril 2019

**MAP OF THE SOUL :
PERSONA**

CHAPITRE 2 ▼
ON

CHAPITRE 7 ▼
We are Bulletproof :
the Eternal

février 2020

MAP OF THE SOUL : 7

Cette frise montre l'ordre dans lequel les albums de BTS sont sortis en Corée.
Regardez quelles sont les chansons abordées dans ce livre.

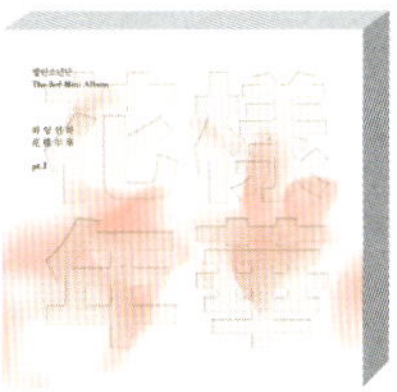

avril 2015

화양연화 pt.1

novembre 2015

화양연화 pt.2

CHAPITRE 5 ▼
불타오르네 (FIRE)

mai 2016

화양연화
YOUNG FOREVER

octobre 2016

WINGS

CHAPITRE 9 ▼
봄날 (Spring Day)

février 2017

YOU NEVER
WALK ALONE

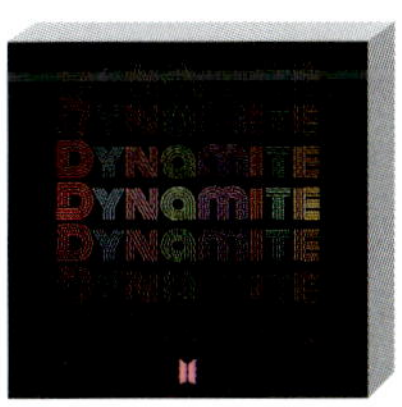

août 2020

DYNAMITE

CHAPITRE 3 ▼
Life Goes On

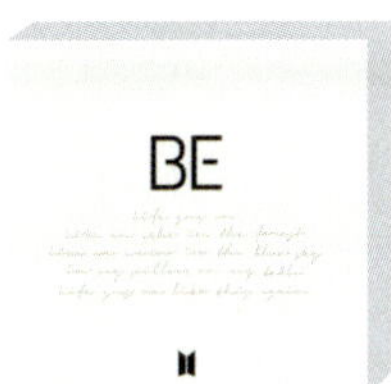

novembre 2020

BE

mai 2021

Digital single
Butter

juillet 2021

Butter

CHAPITRE 10 ▼
Yet To Come

juin 2022

Proof

juin 2023

Take Two

>>

LE *HANGEUL* ET SA PRONONCIATION

Le *hangeul* et la structure de ses syllabes

한글과 음절의 구조

Le *hangeul* est le système d'écriture unique de la langue coréenne. Il se compose de consonnes et de voyelles. Une syllabe se crée par une combinaison de consonnes et une voyelle au centre. Les syllabes coréennes ont quatre types de compositions (V, CV, VC, CVC), comme on le voit à droite.

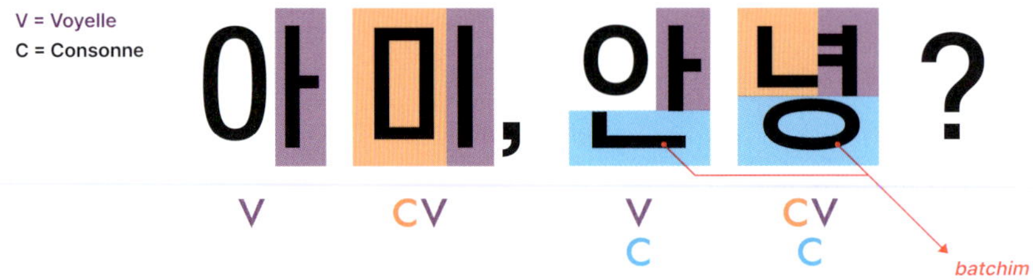

En coréen, dans une syllabe, la voyelle est précédée ou suivie de zéro ou d'un son consonantique. La consonne finale qui vient après une voyelle s'appelle 받침 (*batchim*). Elle se situe toujours en dessous de la syllabe.

Voyelles

모음

La langue coréenne compte 8 voyelles simples et 13 voyelles composées qui sont créées par l'ajout d'un trait à une voyelle simple ou par la combinaison de voyelles simples.

Les voyelles groupées se prononcent de façon très similaire dans la pratique.

Voyelles simples	API	Romanisation
ㅏ	[a]	a
ㅓ	[ə]	eo
ㅔ	[e]	e
ㅐ	[ɛ]	ae
ㅗ	[o]	o
ㅜ	[u]	u
ㅡ	[ɨ]	eu
ㅣ	[i]	i

On ajoute le son « y » aux voyelles simples.

Voyelles composées	API	Romanisation
ㅑ	[ja]	ya
ㅕ	[jə]	yeo
ㅖ	[je]	ye
ㅒ	[jɛ]	yae
ㅛ	[jo]	yo
ㅠ	[ju]	yu

On ajoute le son « w » aux voyelles simples.

Voyelles composées	API	Romanisation
ㅘ	[wa]	wa
ㅝ	[wə]	wo
ㅞ	[we]	we
ㅙ	[wɛ]	wae
ㅚ	[we]	oe
ㅟ	[wi]	wi

ㅢ	[ɨy]	ul

Dans ce livre, on a romanisé la prononciation coréenne des paroles des chansons pour les ARMY qui ne comprennent pas encore suffisamment le coréen. Veuillez noter que la romanisation n'est pas une représentation exacte de la prononciation coréenne et qu'elle est simplement fournie à titre de référence. L'API (alphabet phonétique international) correspondant aux sons des consonnes et des voyelles coréennes se trouve dans le tableau ci-dessous.

Consonnes

자음

La langue coréenne compte 19 consonnes : il y a des consonnes douces qui sont celles de base, des consonnes aspirées qui sont créées en ajoutant un trait à la consonne de base et des consonnes fortes (doubles consonnes, 쌍자음) qui sont obtenues par la combinaison de deux consonnes simples identiques.

Ce sont des consonnes qui ont des sons de base.

Prononcez-les fort en soufflant.

Prononcez-les fort avec une voix de gorge sans souffler.

Consonnes de base	API	Romanisation	Consonnes aspirées	API	Romanisation	Consonnes fortes	API	Romanisation
ㅂ	[p]/[b]	b	ㅍ	[pʰ]	p	ㅃ	[p']	pp
ㄷ	[t]/[d]	d	ㅌ	[tʰ]	t	ㄸ	[t']	tt
ㅅ	[s]/[ʃ]	s, sh				ㅆ	[s']/[ʃ']	ss, ssh
ㅈ	[ts]/[dz]	j	ㅊ	[tsʰ]	ch	ㅉ	[ts']	jj
ㄱ	[k]/[g]	g	ㅋ	[kʰ]	k	ㄲ	[k']	kk
ㅇ	-	-	ㅎ	[h]	h			
ㅁ	[m]	m	ㄴ	[n]	n	ㄹ	[r]/[l]	r, l

La consonne ㅇ, au début d'une syllabe, ne se prononce pas. Elle n'a pas de valeur, elle comble le vide d'une syllabe composée de type V ou VC.

Batchim (consonne finale)

받침

Les différentes consonnes peuvent servir de *batchim*, mais il n'y a que 7 (ㄴ, ㄹ, ㅁ, ㅇ, ㅂ, ㄷ et ㄱ) prononciations.

Batchim	API	Romanisation
ㄴ	[n]	n
ㄹ	[l]	l
ㅁ	[m]	m
ㅇ	[ŋ]	ng

Batchim	Son représentatif	API	Romanisation
ㅂ, ㅍ	ㅂ	[p]	p
ㄷ, ㅌ, ㅅ, ㅆ, ㅈ, ㅊ	ㄷ	[t]	t
ㄱ, ㅋ, ㄲ	ㄱ	[k]	k

Quand on prononce les consonnes finales ㅂ, ㄷ, ㄱ, l'air ne sort pas de la bouche, contrairement aux sons « p », « t » et « k » à la fin des mots anglais tels que *cup*, *dot* et *book*.

* Voir page 172 pour en savoir plus sur les règles de la prononciation coréenne.

PARTIE 1

OUVERTURE

**SALUT, NOUS SOMMES LES BTS !
ON COMMENCE, ARMY ?**

CHAPITRE 1

작은 것들을 위한 시 (Boy With Luv)
(Feat. Halsey)

MAP OF THE SOUL : PERSONA

TRACKLIST

1 Intro : Persona
2 작은 것들을 위한 시 (Boy With Luv) (Feat. Halsey)
3 소우주 (Mikrokosmos) ◂ CHAPITRE 8
4 Make It Right
5 HOME
6 Jamais Vu
7 Dionysus

MAP OF THE SOUL : PERSONA (2019) est un album qui évoque l'intérêt de BTS pour le monde qui l'entoure et la joie que procure l'amour. Sa chanson phare, « *작은 것들을 위한 시 (Boy With Luv) », est une chanson funk-pop kitsch qui montre à quel point les BTS sont curieux de connaître les moindres détails sur ARMY, et qu'ils les chérissent. Elle décrit la joie de les découvrir petit à petit.

* Traduit littéralement « 작은 것들을 위한 시 » signifie « un poème pour les petites choses ».

À PROPOS DE LA CHANSON

#Grand_public
#Chanson_dété
#Première_chanson_coup_de_cœur

'작은 것들을 위한 시 (Boy With Luv)'는 이 앨범에서 제가 제일 좋아하는 노래예요.
너, 즉 아미를 향해 하는 고백이자 아미를 향해 바치는 헌사, 세레나데라고 할 수 있어요.

« 작은 것들을 위한 시 (Boy With Luv) » est ma chanson préférée de cet album. Dans un sens, cette chanson est une déclaration d'amour et un hommage à toi (ARMY), une sérénade qui vient de nos cœurs.

'Boy With Luv'라는 부제는 2014년 앨범 Skool Luv Affair의 타이틀곡 '상남자 (Boy In Luv)'의
제목에서 비롯되었어요. '상남자'에서 어린 시절의 치기 어린 사랑을 이야기했다면, 이번 곡에서는 사소하고
작은 것들에 즐거움을 느끼며 그것을 지키는 진짜 사랑을 이야기하고 있어요.

Le sous-titre de cette chanson, « Boy With Luv », vient de la chanson phare « 상남자 (Boy In Luv) » de l'album *SKOOL LUV AFFAIR* de 2014. Alors que dans celle-ci nous parlions de nos *crushs* de jeunesse, dans cette chanson, nous racontons le véritable amour, celui qui nous fait éprouver de la joie dans de petites choses, et que nous essayons de protéger.

이번 곡의 엔딩에서는 멤버들이 모두 뒤돌아서 오른손을 드는데, 이 동작은 '상남자 (Boy In Luv)'의 엔딩과 비슷해요.
저희 퍼포먼스도 기억하면서 이 노래를 들어 보세요.

À la fin de cette chanson, nous nous retournons tous et levons la main droite, comme pour « 상남자 (Boy In Luv) ». Quand vous écouterez cette chanson, essayez de vous souvenir de notre façon de la chanter sur scène.

작은 것들을 위한 시 (Boy With Luv)
(Feat. Halsey)

~00:08

김남준! 김석진! 민윤기! 정호석!

박지민! 김태형! 전정국! BTS!

모든 게 궁금해 How's your day
mo-deun ge gung-geum-hae How's your day

Oh tell me (Oh yeah Oh yeah Oh yeah Oh yeah)
Oh tell me (Oh yeah Oh yeah Oh yeah Oh yeah)

뭐가 널 행복하게 하는지
mweo-ga neol haeng-bo-ka-ge ha-neun-ji

Oh text me (Oh yeah Oh yeah Oh yeah Oh yeah)
Oh text me (Oh yeah Oh yeah Oh yeah Oh yeah)

Your every picture 내 머리맡에 두고 싶어 oh bae
Your every picture nae meo-ri-ma-te du-go shi-peo oh bae

Come be my teacher 네 모든 걸 다 가르쳐 줘
Come be my teacher ne mo-deun geol da ga-reu-cheo jweo

Your 1, your 2
Your 1, your 2

뮤직비디오나 무대 음원에서는 Section 2와 3의 영어 가사 부분에 공식 가사의 'Repeat Section 1' 다음의 영어 가사가 대신해서 나와요.

Dans le clip et la bande sonore sur scène, les parties anglaises des sections 2 et 3 reprennent les paroles de la partie après « Répétez Section 1 » des paroles officielles. (Voir page 14.)

Section 1

[1] Listen my my baby 나는
Listen my my baby na-neun

저 하늘을 높이 날고 있어
jeo ha-neu-reul no-pi nal-go i-sseo

(그때 니가 내게 줬던 두 날개로)
(geu-ttae ni-ga nae-ge jweot-deon du nal-gae-ro)

이제 여긴 너무 높아
i-je yeo-gin neo-mu no-pa

난 내 눈에 널 맞추고 싶어
nan nae nu-ne neol mat-chu-go shi-peo

Yeah you makin' me a boy with luv
Yeah you makin' me a boy with luv

Section 2

Oh my my my oh my my my
Oh my my my oh my my my

I've waited all my life 네 [2]전부를 함께하고 싶어
I've waited all my life ne jeon-bu-reul ham-kke-ha-go shi-peo

Oh my my my oh my my my
Oh my my my oh my my my

Looking for something right 이제 조금은 나 알겠어
Looking for something right i-je jo-geu-meun na al-ge-sseo

Section 3

(BTS BTS) I want something stronger

(BTS BTS) Than a moment, than a moment, love

(BTS BTS) I have waited longer

(BTS BTS) For a boy with For a boy with luv

Conseils pour bien chanter au concert

[1] Chantez en coupant de la façon suivante :
Listen / my my / baby / 나는 // 저 하 / 느를 / 노피 / 날고 / 이써
(Listen / my my / baby / *na-neun* // *jeo ha* / *neu-reul* / *no-pi* / *nal-go* / *i-sseo*)

[2] Quand on chante, ça se prononce « 전불 (*jeon-bul*) ».

널 알게 된 이후 ya 내 삶은 온통 너 ya
neol al-ge doen i-hu ya nae sal-meun on-tong neo ya

사소한 게 사소하지 않게 만들어 버린 너라는 별 (Oh No)
sa-so-han ge sa-so-ha-ji an-ke man-deu-reo beo-rin neo-ra-neun byeol (Oh No)

하나부터 열까지 (Ay Ay) 모든 게 특별하지 (Ay Ay)
ha-na-bu-teo yeol-kka-ji (Ay Ay) mo-deun ge teuk-byeol-ha-ji (Ay Ay)

너의 관심사 걸음걸이 말투와 사소한 작은 습관들까지
neo-ui gwan-shim-sa geo-reum-geo-ri mal-tu-wa sa-so-han ja-geun seup-gwan-deul-kka-ji

(Hope World)
(Hope World)

다 말하지 너무 작던 내가 영웅이 된 거라고 (Oh nah)
da mal-ha-ji neo-mu jak-deon nae-ga yeong-ung-i doen geo-ra-go (Oh nah)

난 말하지 운명 따윈 [1]처음부터 내 게 아니었다고 (Oh nah)
nan mal-ha-ji un-myeong tta-win cheo-eum-bu-teo nae ge a-ni-eot-da-go (Oh nah)

세계의 평화 (No way) 거대한 질서 (No way)
se-gye-ui pyeong-hwa (No way) geo-dae-han jil-sseo (No way)

그저 널 지킬 거야 난 (Boy with luv)
geu-jeo neol ji-kil kkeo-ya nan (Boy with luv)

Répétez Section 1

Oh my my my oh my my my
Oh my my my oh my my my

You got me high so fast 네 전부를 함께하고 싶어
You got me high so fast ne jeon-bu-reul ham-kke-ha-go shi-peo

Oh my my my oh my my my
Oh my my my oh my my my

You got me fly so fast 이제 조금은 나 알겠어
You got me fly so fast i-je jo-geu-meun na al-ge-sseo

(BTS BTS) Love is nothing stronger

(BTS BTS) Than a boy with luv

(BTS BTS) Love is nothing stronger

(BTS BTS) Than a boy with luv

[1] Quand on chante, ça se prononce « 첨부터 (*cheom-bu-teo*) ».

툭 까놓고 말할게
tuk kka-no-ko mal-hal-kke

나도 모르게 힘이 들어가기도 했어
na-do mo-reu-ge hi-mi deu-reo-ga-gi-do hae-sseo

높아 버린 sky, 커져 버린 hall
no-pa beo-rin sky, ke-jeo beo-rin hall

때론 도망치게 해 달라며 기도했어
ttae-ron do-mang-chi-ge hae dal-la-myeo gi-do-hae-sseo

But ❷너의 상처는 ❷나의 상처
But neo-ui sang-cheo-neun na-ui sang-cheo

깨달았을 때 나 다짐했던걸
kkae-da-ra-sseul ttae na da-jim-haet-deon-geol

니가 준 ❷이카루스의 날개로
ni-ga jun i-ka-ru-seu-ui nal-gae-ro

태양이 아닌 너에게로
tae-yang-i a-nin neo-e-ge-ro

Let me fly
Let me fly

Répétez Section 2

(BTS BTS) I want something stronger
(BTS BTS) Than a moment, than a moment, love
(BTS BTS) Love is nothing stronger
(BTS BTS) Than a boy with luv

❷ Le suffixe possessif 의 se prononce soit « ui » soit « e ».

모든 게 궁금해 How's your day
Je veux tout savoir, How's your day

Oh tell me
Oh tell me

뭐가 널 행복하게 하는지
Qu'est-ce qui t'apporte du bonheur ?

Oh text me
Oh text me

모든 게 궁금해 ... 뭐가 널 행복하**게 하는지**

Je veux tout savoir [...] Qu'est-ce qui t'apporte du bonheur ?

-게 하다 signifie « faire faire quelque chose à quelqu'un ou mettre quelque chose ou quelqu'un dans un certain état ». Par exemple, 행복하게 하다 veut dire « rendre quelqu'un heureux ». Quand on parle d'une chose qui nous intrigue ou qu'on aimerait connaître, on utilise -는지. Ce suffixe s'emploie souvent avec les verbes comme 알다 (savoir), 모르다 (ne pas savoir) et 궁금하다 (être curieux).

Exemples 아미가 뭘 좋아하**는지** 알고 싶어요.
Nous voulons savoir ce qu'aime ARMY.

아미가 우리를 어떻게 생각하**는지** 궁금해요.
Nous sommes curieux de savoir ce qu'ARMY pense de nous.

BTS dit qu'il est curieux de savoir ce qui *te (ARMY)* rend heureux.

모든 tout
게(것이) chose + suffixe du sujet
▲ Voir page 174 pour en savoir plus.
궁금하다 être curieux(se)
뭐 quoi
너 tu
행복하다 être heureux(se)

알다 savoir
모르다 ne pas savoir
아미 ARMY
좋아하다 aimer
우리 nous
어떻게 comment
생각하다 penser

COMMENTAIRE DU CLIP VIDÉO

Dans le clip de « 작은 것들을 위한 시 (Boy With Luv) », avant l'apparition de la partie ci-dessus, on voit un théâtre en arrière-plan avec un panneau indiquant le nom de l'album, *PERSONA*. Un *persona* désigne le côté de soi-même que l'on veut montrer ou au contraire, celui que l'on masque. Ce théâtre en arrière-plan illustre bien ce concept.

Your every picture
Your every picture
내 머리맡에 두고 싶어 oh bae
Je veux les avoir à mon chevet oh bae
Come be my teacher
Come be my teacher
네 모든 걸 다 가르쳐 줘
Enseigne-moi tout sur toi
Your 1, your 2
Your 1, your 2

Your every picture 내 머리맡에 두**고 싶어**

Your every picture Je veux les avoir à mon chevet

-고 싶어 est une expression que l'on utilise pour exprimer ou pour montrer ce que l'on veut.

Exemple 아미의 모든 걸 알**고 싶어요**.
Nous voulons tout savoir sur ARMY.

방탄소년단
@BTS_twt

보**고 싶어요**. J'ai envie de te voir.
사랑합니다. Je t'aime.
#Jimin

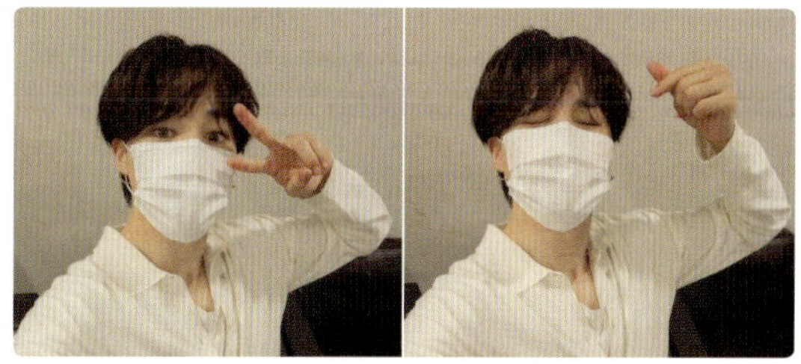

머리맡 (le chevet) se rapporte à l'endroit près de votre tête (머리) lorsque vous êtes allongé. Si l'on a une photo de la personne que l'on préfère ou un objet qui nous est précieux, on a envie de les garder avec soi toute la journée et même de les regarder avant d'aller se coucher. Il en est de même pour BTS. Ils *te* chérissent tellement, *toi (ARMY)*, qu'ils veulent mettre tout de *toi (ARMY)* sur leur table de chevet. Et ils chantent qu'ils souhaitent que *tu (ARMY)* leur enseignes tout sur *toi* comme le ferait un professeur (네 모든 걸 다 가르쳐 줘).

내 mon/ma
머리맡 chevet
_에 à côté, près de, sur
두다 mettre, poser
네 ton/ta
걸(것을) chose + suffixe de l'objet
▲ Voir page 174 pour en savoir plus.
다 tous
가르치다 apprendre, enseigner

_의 de

보다 voir, regarder
사랑하다 aimer

널 알게 된 이후 ya
Depuis que je te connais ya

내 삶은 온통 너 ya
Tu es toute ma vie ya

사소한 게 사소하지 않게 만들어 버린
Tu as transformé l'ordinaire en extraordinaire

너라는 별 (Oh No)
Toi, l'étoile (Oh No)

'Oh No'는 저희 멤버들이 직접 추가한 응원이에요.
여러분! 다같이 Oh No!를 외쳐 주세요.
« Oh No » est une acclamation que nous avons ajoutée nous-mêmes. Allez, tout le monde, criez tous ensemble : « Oh No ! »

하나부터 열까지
De un à dix

모든 게 특별하지
Tout est spécial

너의 관심사 걸음걸이 말투와
Tes centres d'intérêt, tes manières de marcher et de parler

사소한 작은 습관들까지
Même tes petites habitudes

하나부터 열까지 모든 게 특별하지

De un à dix Tout est spécial

하나부터 열까지 signifie littéralement « de un à dix » et c'est utilisé pour se référer à un ensemble quelconque, à l'instar de l'expression française « de A à Z ». Comme quand on dit « de la tête aux pieds (머리부터 발끝까지) » pour parler de l'ensemble du corps.
BTS chante que depuis qu'il *te (ARMY)* connaît (널 알게 된 이후 ya), sa vie ne tourne qu'autour de *toi* (내 삶은 온통 너 ya) et que grâce à ton existence pareille à une étoile (별), même les choses insignifiantes ne le sont plus. Il chante aussi que tout ce qui te concerne, c'est-à-dire tes intérêts, ta démarche, ta façon de parler, y compris tes moindres habitudes (관심사, 걸음걸이, 말투, 사소한 작은 습관들), a pris un sens particulier.

이후 depuis
삶 vie
온통 entièrement
사소하다 insignifiant(e)
만들다 faire
별 étoile
하나 un/une
_부터 de
열 dix
_까지 jusqu'à
특별하다 avoir un sens particulier
관심사 intérêts
걸음걸이 démarche
말투 façon de parler
_와 avec, et
작다 petit(e)
습관 habitude
_들 suffixe du pluriel

머리 tête
발끝 (bout des) pieds

(Hope World) 

저희 멤버들이 직접 추가한 응원이에요.
ARMY 분들이 Hope World를 크게 외쳐 주면 정말 신나요!
Voilà une acclamation que nous avons ajoutée nous-mêmes.
Je suis vraiment fou de joie lorsque vous, les ARMY, vous criez « Hope World » de toutes vos forces !

다 말하지 너무 작던 내가 영웅이 된 거라고
Tout le monde dit que le minus que j'étais est devenu un héros

(Oh nah)
(Oh nah)

난 말하지 운명 따윈 처음부터 내 게 아니었다고
Moi, je dis que le destin n'a jamais été mon truc

(Oh nah)
(Oh nah)

세계의 평화 (No way)
La paix dans le monde (No way)

거대한 질서 (No way)
Un ordre suprême (No way)

그저 널 지킬 거야 난 (Boy with luv)
Je vais juste te protéger, moi (Boy with luv)

Oh my my my oh my my my
Oh my my my oh my my my

You got me high so fast
You got me high so fast

네 전부를 함께하고 싶어
Je veux être avec toi pour tout

Oh my my my oh my my my
Oh my my my oh my my my

You got me fly so fast
You got me fly so fast

이제 조금은 나 알겠어
Maintenant je comprends un peu

Love is nothing stronger
Than a boy with luv
Love is nothing stronger
Than a boy with luv

난 말하지
Moi, je dis

운명 따윈 처음부터 내 게 아니었다고
Que le destin n'a jamais été mon truc

« Moi, je dis que le destin n'a jamais été mon truc (난 [운명 따윈 처음부터 내 게 아니었다고] 말하지). » Dans notre chanson, on dit cette phrase dans l'ordre inverse. Il nous arrive de le faire quand nous voulons souligner quelque chose en particulier.
Les BTS affirment que leur destin (운명) n'est pas de devenir des héros et que ce qu'ils veulent préserver, ce n'est pas quelque chose de grandiose, comme la paix dans le monde (세계의 평화) ou un ordre suprême (거대한 질서), mais plutôt leur amour simple et pur pour *toi (ARMY)* (그저 널 지킬 거야 난).

♬

말하다 dire
영웅 héros(héroïne)
되다 devenir
운명 destin
따위 ce truc-là (péjoratif)
처음 début
아니다 ne pas être
세계 monde
평화 paix
거대하다 grandiose
질서 ordre
그저 juste
지키다 protéger

툭 까놓고 말할게
Je vais être franc

나도 모르게 힘이 들어가기도 했어
Il m'arrivait de prendre de grands airs

높아 버린 sky, 커져 버린 hall
Sky plus haut, hall plus grand

때론 도망치게 해 달라며 기도했어
Parfois, je priais pour qu'on me laisse m'enfuir

But 너의 상처는 나의 상처
But ta douleur est la mienne

깨달았을 때 나 다짐했던걸
Quand je l'ai compris, je me suis juré

니가 준 이카루스의 날개로
Avec les ailes d'Icare que tu m'as données

태양이 아닌 너에게로
Je ne volerais pas vers le soleil mais vers toi

Let me fly
Let me fly

I want something stronger
Than a moment, than a moment, love
Love is nothing stronger
Than a boy with luv

RAPPEZ COMME BTS !

나도 모르게 힘이 들어가**기도 했어** ... 때론 도망치게 해 달라며 **기도했어**
L'expression -기도 했어 est utilisée pour énumérer des choses survenues dans le passé. Elle se prononce de la même façon que 기도했어 (*gi-do, hae-sseo*) qui signifie « avoir prié ». Ainsi, la fin de ces deux phrases forme la rime.

—

니가 준 이카루스의 날**개로** / 태양이 아닌 너에**게로**
Les syllabes 날개로 (*nal-gae-ro*), qui viennent de la combinaison de 날개 (ailes) et 로 (avec), se prononcent de façon similaire aux syllabes 너에게로 (*neo-e-ge-ro*), ce qui forme la rime du rap.

나도 모르게 힘이 들어가**기도 했어** ...
Il m'arrivait de prendre de grands airs [...]

때론 도망치게 해 달라며 기도했어
Parfois, je priais pour qu'on me laisse m'enfuir

-기도 해 est utilisée pour énumérer des choses similaires ou opposées, souvent sous la forme -기도 하고 -기도 해요.

Exemple 무대에 서면 기쁘**기도 하고** 긴장이 되**기도 해요**.
Quand je monte sur scène, je suis à la fois fou de joie et nerveux.

방탄소년단
@BTS_twt

빌보드 200 1위..
신기하**기도 하고** 되게 얼떨떨하네요ㅠㅠ
저희 노래 들어 주신 모든 분들께 감사드립니다!
앞으로도 열심히 할게요!

Numéro un du Billboard 200...
J'ai du mal à réaliser et je me sens tout troublé.
ㅠㅠ Je remercie tous ceux qui ont écouté notre chanson !
On va continuer à donner tout ce qu'on a !
#Jin

Dans cette partie, en écrivant -기도 했어, les BTS veulent montrer qu'ils ont eu des moments où ils ont pris des grands airs malgré eux (나도 모르게), mais ils ont réalisé que *ta (ARMY)* douleur est la leur (너의 상처는 나의 상처 깨달았을 때) et ils ont fait la promesse de s'envoler vers ARMY (나 다짐했던걸 ... 너에게로 Let me fly).

이카루스 (Icare) est un personnage de la mythologie grecque, qui s'échappe du labyrinthe où il est emprisonné, à l'aide d'ailes faites de plumes et de cire. Mais malgré les avertissements de son père, il vole vers le soleil qui fait fondre la cire et il finit par s'écraser et mourir. Les membres de BTS ont obtenu les ailes (날개) grâce à ARMY, mais au lieu de voler vers le soleil par curiosité ou cupidité, ils promettent de voler vers ARMY (태양이 아닌 너에게로 Let me fly).

COMMENTAIRE DU CLIP VIDÉO

Il s'agit là d'une scène du clip de « 작은 것들을 위한 시 (Boy With Luv) (Feat. Halsey) » où l'on peut trouver les titres des albums de BTS.

툭 franchement
까놓다 ouvrir son cœur
나도 모르게 malgré moi
힘 pouvoir, force
들어가다 entrer
커지다 devenir grand(e)
때로 parfois
도망치다 s'enfuir
달다 solliciter, demander
기도하다 prier
상처 blessure
깨닫다 réaliser, comprendre
다짐하다 être déterminé(e)
태양 soleil
_에게로 vers (quelqu'un)

무대 scène
서다 se tenir
기쁘다 être heureux(se)
긴장이 되다 être nerveux(se)

빌보드 Billboard
1위 numéro 1
신기하다 avoir du mal à réaliser
되게 très
얼떨떨하다 être troublé(e)
저희 notre
노래 chanson
듣다 écouter
분 marque honorifique
_께 cher(ère)(s)
감사드리다 merci, remercier
앞으로 à l'avenir
열심히 avec zèle
하다 travailler, faire

Je me dis qu'on ne peut pas être heureux sans émotions négatives. Certains jours, se retrouver sous les projecteurs était vraiment terrifiant, et être face au public aussi. Il y avait des moments où j'avais envie de m'enfuir, comme le disent les paroles de la chanson. Mais aujourd'hui, il y a plus de choses que je veux accomplir. L'énergie que je reçois des fans et l'énergie positive que je pense leur donner l'emportent sur le désir de m'enfuir. Je pense que je suis capable d'avancer en résistant à la pression parce que j'ai des choses qui me sont très précieuses.

CHAPITRE 2

ON

MAP OF THE SOUL : 7

TRACKLIST

1 Intro : Persona
2 작은 것들을 위한 시 (Boy With Luv) (Feat. Halsey) ◂ CHAPITRE 1
3 Make It Right
4 Jamais Vu
5 Dionysus
6 Interlude : Shadow
7 Black Swan
8 Filter
9 시차
10 Louder than bombs
11 **ON**
12 욱 (UGH!)
13 00:00 (Zero O'Clock)
14 Inner Child
15 친구
16 Moon
17 Respect
18 We are Bulletproof : the Eternal ◂ CHAPITRE 7
19 Outro : Ego

MAP OF THE SOUL : 7 (2020) est un album qui aborde le processus par lequel les BTS essaient de découvrir leur vrai moi (EGO) en acceptant le moi qu'ils veulent montrer (le PERSONA révélé aux autres) et le moi qu'ils veulent dissimulé (le SHADOW caché des autres). « ON », chanson phare de l'album, reflète la vocation des membres de BTS, leur envie de continuer à aller de l'avant en embrassant leur destin, tout en gardant en mémoire le poids que représente leur statut d'artistes mondialement connus.

À PROPOS DE LA CHANSON

#Chorégraphie_préférée
#Chanson_pour_travailler
#Chanson_recommandée_pour_les_non-ARMY

'ON'은 우리 방탄소년단만의 파워풀한 에너지가 담겨 있어요.
'Boy With Luv'가 과거의 노래 'Boy In Luv'에 착안해서 만들어진 것처럼,
'ON'이라는 제목도 2013년 앨범 O!RUL8,2?의 타이틀곡 'N.O'라는 기존 노래를 뒤집어 탄생했죠.

« ON » est pleine de l'énergie puissante propre aux BTS. À l'instar de « Boy With Luv », inspirée de la chanson précédente « Boy In Luv », le titre « ON » est né de l'inversion du titre « N.O », chanson phare de l'album de 2013, *O!RUL8,2?*.

'ON'은 저희가 한국과 미국을 오가며 오랜 기간 동안 연습했던 곡이에요.
저희 강렬한 에너지가 담긴 뮤직비디오도 꼭 함께 감상하며 이 곡을 즐겨 주세요.

« ON » est une chanson que nous avons répétée pendant longtemps, tout en faisant des allers-retours entre la Corée et les États-Unis. Écoutez cette chanson en regardant son clip vidéo, il capture parfaitement l'intensité de notre énergie.

ON

00:10~

김남준! 김석진! 민윤기! 정호석!

박지민! 김태형! 전정국! BTS!

I can't understand what people are sayin'
I can't understand what people are sayin'

어느 장단에 맞춰야 될지
eo-neu jang-da-ne mat-chweo-ya doel-jji

한 발자국 떼면 한 발자국 커지는 shadow
han bal-jja-guk tte-myeon han bal-jja-guk keo-ji-neun shadow

잠에서 눈을 뜬 여긴 또 어디
ja-me-seo nu-neul tteun yeo-gin tto eo-di

어쩜 서울 또 New York or Paris
eo-jjeom Seo-ul tto New York or Paris

일어나니 휘청이는 몸
i-reo-na-ni hwi-cheong-i-neun mom

Look at my feet, look down
Look at my feet, look down

날 닮은 그림자
nal dal-meun geu-rim-ja

흔들리는 건 이놈인가
heun-deul-li-neun geon i-no-min-ga

아니면 내 작은 발끝인가
a-ni-myeon nae ja-geun bal-kkeu-chin-ga

❶두렵잖을 리 없잖아
du-ryeop-ja-neul ri eop-ja-na

❶다 괜찮을 리 없잖아
da gwaen-cha-neul ri eop-ja-na

그래도 I know 서툴게 I flow
geu-rae-do I know seo-tul-ge I flow

저 까만 바람과 함께 날아
jeo kka-man ba-ram-gwa ham-kke na-ra

Section 1 ❷Hey na na na 미치지 않으려면 미쳐야 해
Hey na na na mi-chi-ji a-neu-ryeo-myeon mi-cheo-ya hae

Hey na na na 나를 다 던져 이 두 쪽 세상에
Hey na na na na-reul da deon-jeo i du jjok se-sang-e

Hey na na na
Hey na na na

Can't hold me down cuz you know I'm a fighter
Can't hold me down cuz you know I'm a fighter

제 발로 들어온 ❸아름다운 감옥
je bal-lo deu-reo-on a-reum-da-un ga-mok

Find me and I'm gonna live with ya
Find me and I'm gonna live with ya

Section 2 (Eh-oh) 가져와 bring the pain oh yeah
(Eh-oh) ga-jeo-wa bring the pain oh yeah

(Eh-oh) 올라타 봐 bring the pain oh yeah
(Eh-oh) ol-la-ta bwa bring the pain oh yeah

Rain be pourin'
Rain be pourin'

Sky keep fallin'
Sky keep fallin'

Everyday oh na na na
Everyday oh na na na

(Eh-oh) 가져와 bring the pain oh yeah
(Eh-oh) ga-jeo-wa bring the pain oh yeah

Conseils pour bien chanter au concert

❶ Quand on chante, le mot 두렵 (*du-ryeop*) se prononce très rapidement, et 다 (*da*) se prononce à peine.

❷ Chantez en coupant comme ça : 미치지 / 아느려 / 면 미처 / 야 해 // 나를 다 / 던저 이 / 두 쪽 세 / 상에 (*mi-chi-ji / a-neu-ryeo / myeon mi-cheo / ya hae // na-reul da / deon-jeo i / du jjok se / sang-e*).

❸ Quand on chante, 다운 (*da-un*) se prononce « 단 (*dan*) ».

Bring the pain 모두 내 피와 살이 되겠지
Bring the pain mo-du nae pi-wa sa-ri doe-get-ji

Bring the pain No fear, 방법을 알겠으니
Bring the pain No fear, bang-beo-beul al-ge-sseu-ni

작은 것에 breathe (uh-huh)
ja-geun geo-se breathe (uh-huh)

그건 어둠 속 내 산소와 빛 (uh-huh)
geu-geon eo-dum sok nae san-so-wa bit (uh-huh)

내가 나이게 하는 것들의 힘
nae-ga na-i-ge ha-neun geot-deu-rui him

넘어져도 다시 일어나 scream (scream)
neo-meo-jeo-do da-shi i-reo-na scream (scream)

넘어져도 다시 일어나 scream
neo-meo-jeo-do da-shi i-reo-na scream

언제나 우린 그랬으니
eon-je-na u-rin geu-rae-sseu-ni

설령 내 무릎이 땅에 닿을지언정
seol-lyeong nae mu-reu-pi ttang-e da-eul-jji-eon-jeong

파묻히지 않는 이상
pa-mu-chi-ji an-neun i-sang

그저 그런 해프닝쯤 될 거란 걸
geu-jeo geu-reon hae-peu-ning-jjeum doel kkeo-ran geol

Win no matter what Win no matter what Win no matter what
Win no matter what Win no matter what Win no matter what

네가 뭐라던 누가 뭐라던
ne-ga mweo-ra-deon nu-ga mweo-ra-deon

I don't give a uhh I don't give a uhh I don't give a uhh
I don't give a uhh I don't give a uhh I don't give a uhh

Répétez Section 1-2

(Eh-oh) 가져와 bring the pain oh yeah
(Eh-oh) ga-jeo-wa bring the pain oh yeah

나의 고통이 있는 곳에 내가 숨 쉬게 하소서
na-eui go-tong-i in-neun go-se nae-ga sum swi-ge ha-so-seo

My everythin' My blood and tears
My everythin' My blood and tears

Got no fears I'm singin' ohhhhh
Got no fears I'm singin' ohhhhh

Oh I'm takin' over
Oh I'm takin' over

You should know yeah
You should know yeah

Can't hold me down cuz you know I'm a fighter
Can't hold me down cuz you know I'm a fighter

깜깜한 심연 속 기꺼이 잠겨
kkam-kkam-han shi-myeon sok gi-kkeo-i jam-gyeo

Find me and I'm gonna bleed with ya
Find me and I'm gonna bleed with ya

Répétez Section 2

(Eh-oh) Find me and I'm gonna bleed with ya
(Eh-oh) Find me and I'm gonna bleed with ya

(Eh-oh) 가져와 bring the pain oh yeah
(Eh-oh) ga-jeo-wa bring the pain oh yeah

(Eh-oh) 올라타 봐 bring the pain oh yeah
(Eh-oh) ol-la-ta bwa bring the pain oh yeah

All that I know is just goin' on & on & on & on
All that I know is just goin' on & on & on & on

(Eh-oh) 가져와 bring the pain oh yeah
(Eh-oh) ga-jeo-wa bring the pain oh yeah

Hey na na na 미치지 않으려면 미쳐야 해
Hey na na na Il faut perdre la raison pour pouvoir la garder

Hey na na na 나를 다 던져 이 두 쪽 세상에
Hey na na na Je saute à pieds joints dans ce monde dédoublé

Hey na na na
Hey na na na

Can't hold me down cuz you know I'm a fighter
Can't hold me down cuz you know I'm a fighter

제 발로 들어온 아름다운 감옥
Cette belle prison, j'ai fait le choix d'y entrer

Find me and I'm gonna live with ya
Find me and I'm gonna live with ya

상처와 시련을 마주하고
싸워 내겠다는 다짐을 담았어요.

La chanson représente la détermination de faire face à ses blessures, à ses épreuves, et de se battre pour les surmonter.

미치지 않으려면 미쳐야 해

Il faut perdre la raison pour pouvoir la garder

-(으)려면 -아/어/해야 해 est utilisé pour exprimer « il faut faire... pour faire... ».

Exemple 아픔을 이겨내**려면** 상처를 마주**해야 해**.
Il faut affronter la douleur pour la surmonter.

미치다 (être fou) signifie un état d'esprit négatif, mais veut dire aussi « être passionné par ou se passionner pour quelque chose ». Donc, dans la chanson, l'expression 미치지 않으려면 est employée dans le sens « être fou », tandis que 미쳐야 해 l'est dans le sens « être passionné par quelque chose ». Ce qui veut dire qu'il faut être vraiment passionné par quelque chose pour ne pas devenir fou.
Le couplet suivant exprime la volonté d'accepter les épreuves et la douleur, et celle de continuer à avancer (제 발로 들어온 아름다운 감옥, Cette belle prison, j'ai fait le choix d'y entrer).

Je pense qu'il faut être fou de quelque chose pour rester sain d'esprit et ne pas se laisser consumer par les ombres dans ce monde irrationnel.
Aussi l'expression 미치지 않으려면 미쳐야 해 *représente-t-elle le thème de la chanson « ON ».*

미치다 être fou/folle
던지다 jeter
이 ce/cette
쪽 partie, côté, page
세상 monde
제 mon/ma/mes propre(s)
발 pied
들어오다 entrer
아름답다 être beau/belle
감옥 prison

아픔 douleur
이겨내다 surmonter
마주하다 affronter

(Eh-oh) 가져와 bring the pain oh yeah
(Eh-oh) Apporte-la bring the pain oh yeah

(Eh-oh) 올라타 봐 bring the pain oh yeah
(Eh-oh) Monte à bord bring the pain oh yeah

Rain be pourin'
Rain be pourin'

Sky keep fallin'
Sky keep fallin'

Everyday oh na na na
Everyday oh na na na

(Eh-oh) 가져와 bring the pain oh yeah
(Eh-oh) Apporte-la bring the pain oh yeah

가져와 ... 올라타 봐
Apporte-la [...] Monte à bord

가져오다 (가져와) a le même sens que le mot anglais *bring* (apporter). Aussi, en écrivant « bring the pain » juste après 가져와, on veut répéter le même message.
Il s'agit du refrain révélant la volonté forte des membres de BTS de surmonter « la douleur (아픔) » même dans la situation où la pluie tombe à verse et où le ciel s'écroule (Rain be pourin', Sky keep fallin'), (올라타 봐 bring the pain).

♬
가져오다 apporter
올라타다 passer par-dessus, monter au-dessus

나의 고통이 있는 곳에
Là où se trouvent mes douleurs

내가 숨 쉬게 하소서
Laissez-moi respirer

My everythin'
My everythin'

My blood and tears
My blood and tears

Got no fears
Got no fears

I'm singin' ohhhhh
I'm singin' ohhhhh

Oh I'm takin' over
Oh I'm takin' over

You should know yeah
You should know yeah

Can't hold me down cuz you know I'm a fighter
Can't hold me down cuz you know I'm a fighter

깜깜한 심연 속 기꺼이 잠겨
Je me plonge volontiers dans le sombre abîme

Find me and I'm gonna bleed with ya
Find me and I'm gonna bleed with ya

(Eh-oh) Find me and I'm gonna bleed with ya
(Eh-oh) Find me and I'm gonna bleed with ya

(Eh-oh) 가져와 bring the pain oh yeah
(Eh-oh) Apporte-la bring the pain oh yeah

(Eh-oh) 올라타 봐 bring the pain oh yeah
(Eh-oh) Monte à bord bring the pain oh yeah

All that I know
All that I know

is just goin' on & on & on & on
is just goin' on & on & on & on

(Eh-oh) 가져와 bring the pain oh yeah
(Eh-oh) Apporte-la bring the pain oh yeah

나의 고통이 있는 곳에 내가 숨 쉬게 **하소서**
Là où se trouvent mes douleurs Laissez-moi respirer

-(으)소서 est une expression habituellement utilisée dans la prière, mais rarement dans la vie courante. Elle est surtout utilisée sous la forme -게 하소서 pour exprimer ce que l'on souhaite. Ici, les BTS utilisent une expression de prière pour créer une atmosphère spirituelle dans la chanson.
Les BTS montrent qu'ils sont prêts à vivre dans un monde où la souffrance existe et à l'accepter, même si c'est à l'image d'un sombre abîme (깜깜한 심연 속 기꺼이 잠겨).

♬

고통 douleur, souffrance
있다 être, exister
곳 endroit, lieu
숨 쉬다 respirer
깜깜하다 être sombre
심연 abîme
기꺼이 volontiers
잠기다 sombrer

COMMENTAIRE DU CLIP VIDÉO

Il s'agit de la dernière scène du clip de « ON ». L'écran s'assombrit et les mots « NO MORE DREAM » se changent en « DREAM ». « NO MORE DREAM » est la chanson phare de l'album des débuts de BTS sorti en 2013 : *2 COOL 4 SKOOL*. Le clip de « ON » sorti sept ans plus tard se termine par un message invitant ARMY à rêver de nouveau.

이번 컨셉에 어울릴 것 같아 그려 보았어요.
잘 어울리나요?

J'ai dessiné ceci en me disant que ça allait bien avec le thème de cette chanson. Qu'en pensez-vous ?

CHAPITRE 3

Life Goes On

BE

TRACKLIST

1. Life Goes On
2. 내 방을 여행하는 법
3. Blue & Grey
4. Skit
5. 잠시
6. 병
7. Stay
8. Dynamite

BE (2020) est un album qui raconte l'histoire des émotions et des pensées des BTS et celle de l'existence de « nous (우리) » qui devons continuer à vivre. « Life Goes On » est la chanson phare, dans un style hip-hop alternatif, accompagnée d'un son de guitare acoustique. Ses paroles sincères sont un message de réconfort de la part de BTS : la vie continue et il existe toujours une lumière au bout du tunnel.

À PROPOS DE LA CHANSON

#Ma_chanson_n°1
#Chanson_de_guérison
#Chanson_pour_dormir

'Dynamite'(2020)가 노래와 춤으로 자유와 행복을 찾는 메시지를 여름 분위기로 신나게 던지고 있다면,
'Life Goes On'은 보다 담담하고 진중하게 위로의 메시지를 던지는 노래입니다.

Si « Dynamite » (2020) délivre un message léger, à l'image d'un jour d'été où l'on recherche la liberté et le bonheur à travers le chant et la danse, « Life Goes On » est une chanson qui porte avec sincérité et sérénité un message de réconfort.

처음에 방PD님한테서 'Life Goes On'이라는 제목을 들었을 때, 제가 좋아하던 곡의 이름이기도 해서
더 좋았어요. 게다가 그해 발매된 앨범의 타이틀곡 'ON'과 연결되어 보이기도 하고요.

Quand j'ai entendu pour la première fois le titre « Life Goes On » du producteur Bang, j'étais très enthousiaste, parce que c'était aussi le titre d'une autre chanson que j'aimais beaucoup à l'époque. En plus, elle semblait liée à « ON », la chanson phare de l'album sorti cette année-là.

저희가 앨범 콘셉트, 디자인, 의상, 그리고 뮤직비디오까지 적극적으로 참여한 노래로,
모두 웃고 즐기고 토론도 하면서 만들었어요. 멤버 한 명 한 명의 온기를 느낄 수 있는 노래라고 생각해요.
이 노래가 지친 삶 속 작은 웃음과 힘이 될 수 있었으면 좋겠어요!

Dans le cadre de cette chanson, nous avons participé activement au concept de l'album, au design, aux costumes et jusqu'au clip vidéo. Nous l'avons fait dans la bonne humeur, en nous amusant et en discutant tous ensemble. Je pense que c'est une chanson dans laquelle on peut sentir la chaleur de chacun d'entre nous, les BTS. J'aimerais que cette chanson vous apporte un peu de rire et d'énergie quand vous serez au bout du rouleau !

Life Goes On

김남준! 김석진! 민윤기! 정호석!

박지민! 김태형! 전정국! BTS!

어느 날 세상이 멈췄어
eo-neu nal se-sang-i meom-chweo-sseo

아무런 예고도 하나 없이
a-mu-reon ye-go-do ha-na eop-shi

봄은 기다림을 몰라서
bo-meun gi-da-ri-meul mol-la-seo

눈치 없이 와 버렸어
nun-chi eop-shi wa beo-ryeo-sseo

발자국이 지워진 거리
bal-jja-gu-gi ji-weo-jin geo-ri

여기 넘어져 있는 나
yeo-gi neo-meo-jeo in-neun na

혼자 가네 시간이
hon-ja ga-ne shi-ga-ni

미안해 말도 없이
mi-an-hae mal-do eop-shi

오늘도 비가 내릴 것 같아
o-neul-do bi-ga nae-ril kkeot ga-ta

흠뻑 젖어 버렸네
heum-ppeok jeo-jeo beo-ryeon-ne

아직도 멈추질 않아
a-jik-do meom-chu-jil a-na

저 먹구름보다 빨리 달려가
jeo meok-gu-reum-bo-da ppal-li dal-lyeo-ga

그럼 될 줄 알았는데
geu-reom doel jjul a-ran-neun-de

나 겨우 사람인가 봐
na gyeo-u sa-ra-min-ga bwa

몹시 아프네
mop-shi a-peu-ne

세상이란 놈이 준 감기
se-sang-i-ran no-mi jun gam-gi

덕분에 눌러 보는 먼지 쌓인 되감기
deok-bu-ne nul-leo bo-neun meon-ji ssa-in doe-gam-kki

넘어진 채 청하는 엇박자의 춤
neo-meo-jin chae cheong-ha-neun eot-bak-ja-ui chum

겨울이 오면 내쉬자
gyeo-u-ri o-myeon nae-swi-ja

더 뜨거운 숨
deo tteu-geo-un sum

Section 1

끝이 보이지 않아
kkeu-chi bo-i-ji a-na

출구가 있긴 할까
chul-gu-ga it-gin hal-kka

발이 떼지질 않아 않아 oh
ba-ri tte-ji-jil a-na a-na oh

잠시 두 눈을 감아
jam-shi du nu-neul ga-ma

여기 내 손을 잡아
yeo-gi nae so-neul ja-ba

저 미래로 달아나자
jeo mi-rae-ro da-ra-na-ja

Section 2

Like an echo in the forest
Like an echo in the forest

[1] 하루가 돌아오겠지
ha-ru-ga do-ra-o-get-ji

아무 일도 없단 듯이
a-mu il-do eop-dan deu-shi

Yeah life goes on
Yeah life goes on

Like an arrow in the blue sky
Like an arrow in the blue sky

또 하루 더 날아가지
tto ha-ru deo na-ra-ga-ji

On my pillow, on my table
On my pillow, on my table

Yeah life goes on
Yeah life goes on

Like this again
Like this again

이 음악을 빌려 너에게 나 전할게
i eu-ma-geul bil-lyeo neo-e-ge na jeon-hal-kke

사람들은 말해 세상이 다 변했대 (Um Um Um Um)
sa-ram-deu-reun mal-hae se-sang-i da byeon-haet-dae (Um Um Um Um)

다행히도 우리 사이는
da-haeng-hi-do u-ri sa-i-neun

아직 여태 안 변했네
a-jik yeo-tae an byeon-haen-ne

늘 하던 시작과 끝 '안녕'이란 말로
neul ha-deon shi-jak-gwa kkeut 'an-nyeong'-i-ran mal-lo

오늘과 [2]내일을 또 함께 [2]이어 보자고 (Ooh Ooh Ooh Ooh)
o-neul-gwa nae-i-reul tto ham-kke i-eo bo-ja-go (Ooh Ooh Ooh Ooh)

멈춰 있지만 어둠에 숨지 마
meom-chweo it-ji-man eo-du-me sum-jji ma

빛은 또 떠오르니깐
bi-cheun tto tteo-o-reu-ni-kkan

Répétez Section 1-2

I remember
I remember
I remember
I remember

Conseils pour bien chanter au concert

[1] Chantez en coupant comme ça : 하루가 도 / 라오겐찌 (*ha-ru-ga do / ra-o-get-ji*).

[2] Quand on chante, on prononce très rapidement 일을 (*i-reul*) et 이어 (*i-eo*).

BOTTER

어느 날 세상이 멈췄어
Un jour, le monde s'est arrêté
아무런 예고도 하나 없이
Sans le moindre avertissement
봄은 기다림을 몰라서
Le printemps n'a pas su attendre
눈치 없이 와 버렸어
Il a déboulé à l'improviste

봄은 기다림을 몰라서 눈치 없이 와 버렸어
Le printemps n'a pas su attendre Il a déboulé à l'improviste

눈치 est une expression dérivée de 눈 (œil), qui signifie qu'on essaie de deviner ce que pensent les autres dans une situation donnée. 없이 est une variante du verbe 없다 (manquer). Aussi, l'expression 눈치 없이 signifie que l'on manque de tenir compte des sentiments des autres. -아/어/해 버렸어 est la terminaison utilisée pour exprimer une chose qui est achevée et sur laquelle on ne peut pas revenir.
« 봄은 눈치 없이 와 버렸다 (Le printemps a déboulé à l'improviste) » est une expression métaphorique et lyrique pour dire que le monde s'est soudainement (아무런 예고도 하나 없이) arrêté de tourner, mais que le temps, lui, s'écoule en dépit de tout ce qui se passe, et que la vie continue.
BTS a en effet dû annuler tous les concerts de sa tournée mondiale à l'époque, en raison de la Covid-19.

발자국이 지워진 거리
Des rues où les empreintes sont effacées
여기 넘어져 있는 나
Je reste ici, tombé au sol
혼자 가네 시간이
Le temps passe tout seul
미안해 말도 없이
Sans la moindre excuse

발자국이 지워진 거리 ...
Des rues où les empreintes sont effacées [...]
혼자 가네 시간이 미안해 말도 없이
Le temps passe tout seul Sans la moindre excuse

L'expression 발자국이 지워진 거리 (des rues où les empreintes sont effacées) démontre que cela fait longtemps que les gens n'ont pas mis les pieds dans la rue. Pour la phrase « 혼자 가네 시간이 미안해 말도 없이 (le temps passe tout seul sans la moindre excuse) », il faut normalement la dire comme ceci : 시간이 [미안해 말도 없이] 혼자 가네. Mais en changeant l'ordre des mots, on crée la rime entre 시간이 (*shi-ga-ni*) et 말도 없이 (*mal-do eop-shi*).
Pour montrer que le temps passe vite par rapport à une situation figée, les BTS chantent que *je (BTS)* suis tombé au sol (여기 넘어져 있는 나), mais que le temps s'en est allé tout seul sans même nous dire « 미안해 (désolé) ».

♬

어느 날 un jour
멈추다 arrêter
아무런 n'importe quel(le), aucun(e)
예고 avertissement
없이 sans
봄 printemps
기다림 attente
눈치 capacité de comprendre les sentiments
지워지다 être effacé(e)
거리 rue
혼자 seul(e)
가다 aller
시간 temps
미안해 désolé(e)
말도 없이 sans dire un mot

오늘도 비가 내릴 것 같아
On dirait qu'il va encore pleuvoir aujourd'hui
흠뻑 젖어 버렸네
Je suis trempé jusqu'à l'os
아직도 멈추질 않아
Ça ne s'arrête toujours pas
저 먹구름보다 빨리 달려가
Courir plus vite que ce nuage d'orage
그럼 될 줄 알았는데
Je pensais que ça suffirait
나 겨우 사람인가 봐
Je suppose que je ne suis qu'un humain après tout

흠뻑 젖어 버렸**네**

Je suis trempé jusqu'à l'os

흠뻑 젖다 est une expression qui décrit le fait d'être complètement trempé. La terminaison -네 se rapporte à quelque chose que l'on vient de comprendre. On l'utilise généralement quand on parle seul ou pour exprimer une exclamation admirative ou de surprise.

Exemple 하루가 참 빠르**네**.
La journée passe à toute vitesse.

방탄소년단
@BTS_twt

덥**네**요, 정말.
Il fait vraiment chaud.
#SUGA

J'essaie de courir plus vite que le nuage d'orage (먹구름보다 빨리 달려가) pour échapper à la pluie qui ne cesse de tomber (아직도 멈추질 않아), mais je finis par être complètement trempé, car je suis un être humain (사람), après tout. Il s'agit là de la partie où BTS parle sereinement de ce qui est inévitable.

오늘 aujourd'hui
비가 내리다 pleuvoir
흠뻑 complètement (trempé[e])
젖다 être mouillé(e)
아직도 encore
먹구름 nuage sombre
_보다 plus que
빨리 vite
달려가다 courir
그럼 alors
되다 être résolu(e)
겨우 seulement
사람 humain

하루 une journée
참 très
빠르다 être rapide

덥다 faire chaud
정말 vraiment

몹시 아프네
Il me fait si mal

세상이란 놈이 준 감기
Ce coup de froid que le monde m'a donné

덕분에 눌러 보는 먼지 쌓인 되감기
Il me permet d'appuyer sur le bouton de rembobinage couvert de poussière

넘어진 채 청하는 엇박자의 춤
Tombé au sol, j'essaie de danser en décalé

겨울이 오면 내쉬자
Une fois l'hiver arrivé, expirons

더 뜨거운 숨
Un souffle plus chaud

RAPPEZ COMME BTS !

Rembobinage Lecture Avance rapide

세상이란 놈이 준 **감기** / 덕분에 눌러 보는 먼지 쌓인 되**감기** /
넘어진 채 청하는 엇박자의 **춤** / 겨울이 오면 내쉬자 더 뜨거운 **숨**

감기 (*gam-gi*), au sens de « rhume », se prononce de façon très similaire à 되감기 (*doe-gam-kki*), qui fait référence au rembobinage que l'on effectue quand on écoute de la musique ou qu'on regarde une vidéo, ce qui forme une rime. Dans le couplet suivant, 춤 (*chum*) et 숨 (*sum*) forment aussi une rime avec leur prononciation semblable.

J'ai réfléchi à ce que je faisais et à la raison pour laquelle je le faisais. Cela m'a conduit à être attentif aux êtres chers qui m'entourent et je pense que j'ai tenté d'être heureux en essayant de trouver les choses que j'aime.

세상이란 놈이 준 감기
Ce coup de froid que le monde m'a donné

덕분에 눌러 보는 먼지 쌓인 되감기
Il me permet d'appuyer sur le bouton de rembobinage couvert de poussière

덕분에 (grâce à) est un terme utilisé pour parler de ce qui nous a apporté de la satisfaction, et donc pour exprimer notre gratitude.

방탄소년단
@BTS_twt

덕분에 오늘은 정말 행복한 하루가 되었습니다.
앞으로 1년도 꽃길만 걸어요. 사랑합니다.
#Jimin #아미보라해 💙

Grâce à vous, aujourd'hui est une journée vraiment heureuse. Essayons d'emprunter, une année encore, uniquement des chemins fleuris.
Je vous aime tous.
#Jimin #I_purple_ARMY 💙

Le monde en stand-by nous a fait souffrir comme un rhume, mais grâce à cela, nous avons pris le temps d'appuyer sur le bouton de rembobinage (되감기) qui prenait la poussière depuis longtemps. 되감기를 눌러 보다 (appuyer sur le bouton de rembobinage) est une métaphore pour dire que l'on revient sur le passé.

♬

몹시 très, beaucoup
아프다 souffrir
놈 enfoiré
감기 rhume
누르다 appuyer
먼지 poussière
쌓이다 entasser
되감기 rembobinage
청하다 demander
엇박자 cadence décalée
춤 danse
겨울 hiver
내쉬다 expirer
더 plus
뜨겁다 être brûlant(e)
숨 souffle

년 année
꽃길 chemin fleuri
_만 seulement
걷다 marcher

끝이 보이지 않아
Il n'y a pas de fin en vue
출구가 있긴 할까
Y a-t-il une issue ?
발이 떼지질 않아 않아 oh
Je n'arrive pas à décoller les pieds du sol, je n'arrive pas oh
잠시 두 눈을 감아
Ferme les yeux un instant
여기 내 손을 잡아
Prends ma main
저 미래로 달아나자
Enfuyons-nous vers un lointain futur

이 부분을 듣고 아미 분들이 희망을 얻고 힘을 얻었으면 좋겠어요.
J'espère qu'écouter cette partie apportera de l'espoir et de l'énergie à ARMY.

Quand je ne vois pas la possibilité d'une fin heureuse, je me tourne vers les autres membres de BTS pour voir leurs sourires et voir comment ils vont. À force de rire, de bavarder et de passer du temps avec eux, je me sens capable d'affronter l'avenir avec espoir, parce qu'ils sont à mes côtés.

끝이 보이**지 않아** ... 발이 떼지**질 않아**

Il n'y a pas de fin en vue [...] Je n'arrive pas à décoller les pieds du sol

Dans le clip, cette partie est représentée par la traversée d'un long tunnel. Quand on parcourt un long tunnel sombre, on en vient souvent à se demander quand il se terminera. **끝이 보이다** (fin en vue) veut dire littéralement que ce sur quoi on travaille parvient à sa dernière étape. Ici, **-지 않아** est une expression négative, donc **끝이 보이지 않아** signifie que la dernière étape n'a pas encore été atteinte. **발이 떼지질 않아** utilise également l'expression négative **-지 않아** combinée à **발이 떼지다** (décoller les pieds du sol) pour rimer avec la ligne précédente.
Même si la situation est difficile et qu'aucune fin ou solution n'est en vue, BTS chante un message d'espoir, et tend la main (**내 손을 잡아**) à ARMY qui écoute cette chanson et l'invite à foncer, comme un seul homme, vers l'avenir (**미래로 달아나자**).

♬

끝 fin
보이다 être en vue
출구 sortie
발 pied
떼지다 bouger
잠시 moment
눈을 감다 fermer les yeux
손 main
잡다 tenir, attraper
미래 futur
달아나다 fuir

Like an echo in the forest
Like an echo in the forest
하루가 돌아오겠지
Le jour reviendra
아무 일도 없단 듯이
Comme si de rien n'était
Yeah life goes on
Yeah life goes on
Like an arrow in the blue sky
Like an arrow in the blue sky
또 하루 더 날아가지
Un autre jour s'envole
On my pillow, on my table
On my pillow, on my table
Yeah life goes on
Yeah life goes on
Like this again
Like this again

La phrase « Life Goes On » signifie que la vie continue, quoi qu'il arrive. À travers ce message, nous voulions expliquer la façon dont nous parvenons à continuer à vivre, même si notre vie quotidienne a changé.

하루가 돌아오겠지 ...
Le jour reviendra [...]
또 하루 더 날아가지
Un autre jour s'envole

Cette partie décrit le déroulement de 하루 (une journée) au sens figuré. Le temps que constitue une journée revient tel un écho, comme si de rien n'était (아무 일도 없단 듯이), et s'envole parfois aussi vite qu'une flèche tirée vers le ciel. C'est le message que transmet « Life Goes On ».

♬
돌아오다 revenir
아무 일 rien, aucune chose
없다 ne pas être
날아가다 s'envoler

이 음악을 빌려 너에게 나 전할게
Laisse-moi te dire à travers cette chanson

사람들은 말해 세상이 다 변했대
Les gens disent que le monde a changé du tout au tout

다행히도 우리 사이는
Heureusement, entre nous

아직 여태 안 변했네
Rien n'est encore changé

Lors du concert de *BTS PERMISSION TO DANCE ON STAGE – SEOUL* en 2022, le groupe s'est pris en photo en tenant des *clappers* sur lesquels le mot 다행히도 (heureusement) de la phrase « 다행히도 우리 사이는 아직 안 변했네 » a été remplacé par 당연히도 (évidemment). Ce jeu de mots était une manière habile de montrer le lien fort qui existe entre BTS et ARMY.

이 음악을 빌려 너에게 나 전할게 ...

Laisse-moi te dire à travers cette chanson [...]

다행히도 우리 사이는 아직 여태 안 변했네

Heureusement, entre nous Rien n'est encore changé

음악을 빌려 ne signifie pas ici « emprunter de la musique », comme indiqué dans le dictionnaire, mais c'est plutôt à comprendre dans le sens « utiliser la musique pour faire quelque chose ». En d'autres termes, les BTS disent qu'ils ont un message à te faire passer à travers la chanson « Life Goes On ». Normalement, en coréen, la phrase commencerait par le sujet 나 (je), mais ici, ils disent 너에게 나, mettant l'objet indirect 너에게 (à toi) avant 나, pour mettre l'accent sur 너 (toi).
Ils essaient d'expliquer à travers cette chanson que même si les gens disent que le monde a changé du tout au tout (사람들은 말해 세상이 다 변했대), il y a heureusement des choses qui ne changeront jamais, comme la relation entre BTS et son ARMY.

♬

음악 musique
빌리다 emprunter
_에게 à quelqu'un
전하다 livrer, transmettre
변하다 changer
다행히도 heureusement
사이 entre, relation
아직 encore
여태 jusque-là

AU CONCERT

AVANT D'ALLER À UN CONCERT

LA CHECK-LIST DU CONCERT

1. Connaissez-vous les moyens de transport disponibles pour vous rendre sur le lieu du concert ?
2. La batterie de votre téléphone portable est-elle entièrement chargée ?
3. Maîtrisez-vous tous les *fan-chants* ?
4. Êtes-vous prêt à vous amuser ?

LES INDISPENSABLES DU CONCERT

1. 티켓 ticket
2. 신분증 carte d'identité
3. 아미밤 ARMY BOMB (bâton lumineux)

LES PRÉPARATIFS QUI MULTIPLIENT PAR DIX L'EFFET CONCERT

물 de l'eau

Vous risquez d'avoir soif pendant le concert. Il faut cependant faire attention, car boire trop d'eau peut entraîner de fréquentes visites aux toilettes.

초콜릿 du chocolat

Nécessaire pour faire le plein d'énergie de temps en temps. Vous pouvez le partager avec vos voisins ARMY et parler de votre passion pour BTS.

망원경 jumelles

Recommandées si votre siège est éloigné de la scène.

건전지 piles

Ce serait très triste que votre ARMY BOMB s'éteigne en plein milieu du concert.

UN PETIT COUSSIN

ARMY

UN ÉLASTIQUE À CHEVEUX

DES BASKETS À TALONS COMPENSÉS

UN IMPERMÉABLE OU UN PARAPLUIE

QU'EST-CE QUE LES AUTRES ARMY PRÉPARENT POUR LE CONCERT ?

└ Comme je pars loin de chez moi pour un long moment, je n'oublie pas de prendre un chargeur portable !

└ Je prends toujours une veste légère, car il peut faire frais le soir.

└ Comme j'ai tendance à acheter beaucoup d'articles au magasin officiel éphémère avant le spectacle, j'emporte un grand sac ou un sac supplémentaire.

  └ Au fait, selon la salle de concert, il peut y avoir des restrictions quant à la taille du sac que vous aurez le droit de faire entrer, alors pensez à vérifier !

UNE VESTE LÉGÈRE

UN CHARGEUR PORTABLE

└ Je prends un petit coussin pour mettre sur mon siège, au cas où le spectacle serait long et où je doive rester assis longtemps.

  └ Moi aussi.

DES TUBES DE PAPIER TOILETTE

└ Je prends du collyre hydratant et du baume à lèvres pour éviter à mes yeux et mes lèvres de s'assécher.

└ Il y a peu de réseau à l'intérieur de certaines salles, alors si je suis avec des amis, nous nous mettons d'accord sur un point de rendez-vous après le concert.

UN POINT DE RENDEZ-VOUS

UN GRAND SAC OU UN SAC SUPPLÉMENTAIRE

└ Je pense à prendre un imperméable ou un parapluie pour me protéger du soleil ou de la pluie.

└ Si je prévois de rester debout pendant le concert, je mets des baskets à talons compensés.

└ Je prends toujours un élastique à cheveux car j'ai les cheveux longs. Je veille à me faire une queue de cheval basse pour ne pas gêner mes amis ARMY qui sont derrière moi.

  └ En effet ! Tu n'es pas ARMY pour rien !

DU COLLYRE HYDRATANT

└ Je prends des tubes de papier toilette pour rapporter sans les abîmer les prospectus distribués au concert.

  └ C'est un conseil très astucieux !

DU BAUME À LÈVRES

PARTIE 2 DANSE

ARMY ! DANSONS !

CHAPITRE 4

IDOL

CHAPITRE 5

불타오르네 (FIRE)

CHAPITRE 4

IDOL

LOVE YOURSELF 結 'ANSWER'

TRACKLIST

A

1 Euphoria
2 Trivia 起 : Just Dance
3 Serendipity (Full Length Edition)
4 DNA
5 보조개
6 Trivia 承 : Love
7 Her
8 Singularity
9 FAKE LOVE
10 전하지 못한 진심 (Feat. Steve Aoki)
11 Trivia 轉 : Seesaw
12 Tear
13 Epiphany
14 I'm Fine
15 **IDOL**
16 Answer : Love Myself

B

1 Magic Shop ◂ CHAPITRE 6
2 Best Of Me
3 Airplane pt.2
4 고민보다 Go
5 Anpanman
6 MIC Drop
7 DNA (Pedal 2 LA Mix)
8 FAKE LOVE (Rocking Vibe Mix)
9 MIC Drop (Steve Aoki Remix) (Full Length Edition)

LOVE YOURSELF 結 *'Answer'* (2018), le dernier album de la série *LOVE YOURSELF*, porte un message selon lequel la seule façon de trouver sa véritable identité au sein d'une myriade d'identités personnelles consiste, en définitive, à regarder à l'intérieur de soi. Sa chanson phare « IDOL » est une chanson dans le genre gqom qui mélange rythmes africains, cadences et interjections (*chuimsae*) des chants traditionnels coréens, créant ainsi cette particularité hybride propre à BTS. C'est une déclaration qui dit : « Je suis tel que je suis et je m'aime, quoi que les autres disent de moi. »

À PROPOS DE LA CHANSON

#Mettre_lambiance
#Meilleure_performance
#Chorégraphie_préférée

'IDOL'은 다양한 음악이 모여 만들어진, 전세계 아미들과 함께하는 축제의 노래라고 할 수 있어요.
이 노래로 전세계 사람들이 춤, 퍼포먼스, 에너지를 함께 나누고 즐길 수 있었으면 좋겠어요.

« IDOL » est une chanson créée à partir de divers styles musicaux. Elle est une sorte de fête qu'on célèbre avec tous les ARMY du monde. J'espère que cette chanson invitera les gens du monde entier à partager la danse, la performance et l'énergie et à y prendre plaisir.

이 곡은 2년 반 동안 진행된 LOVE YOURSELF 시리즈 마지막 앨범의 타이틀곡이에요.
ARMY 여러분들에게도 만족스럽고 의미 있는 곡이었으면 좋겠어요.

C'est la chanson phare du dernier album de la série *LOVE YOURSELF* dont la création a duré deux ans et demi. J'espère que cette chanson apportera satisfaction et aura une signification pour ARMY.

IDOL

김남준! 김석진! 민윤기! 정호석!

박지민! 김태형! 전정국! BTS! (×2)

You can call me artist (artist)
You can call me artist (artist)

You can call me idol (idol)
You can call me idol (idol)

아님 어떤 다른 뭐라 해도 I don't care
a-nim eo-tteon da-reun mweo-ra hae-do I don't care

I'm proud of it (I'm proud of it)
I'm proud of it (I'm proud of it)

난 자유롭네 (난 자유롭네)
nan ja-yu-rom-ne (nan ja-yu-rom-ne)

No more irony (irony)
No more irony (irony)

나는 항상 나였기에
na-neun hang-sang na-yeot-gi-e

손가락질 해, 나는 전혀 신경 쓰지 않네
son-kka-rak-jil hae, na-neun jeon-hyeo shin-gyeong sseu-ji an-ne

나를 욕하는 너의 그 이유가 뭐든 간에
na-reul yo-ka-neun neo-ui geu i-yu-ga mweo-deun ga-ne

I know what I am (I know what I am)

I know what I want (I know what I want)

I never gon' change (I never gon' change)

I never gon' trade

(Trade off)

Section 1

뭘 어쩌고저쩌고 떠들어 대셔
mweol eo-jjeo-go-jeo-jjeo-go tteo-deu-reo dae-shyeo

(TALK IT TALK IT TALK IT)
(TALK IT TALK IT TALK IT)

I do what I do, (1) 그니까 넌 너나 잘하셔
I do what I do, geu-ni-kka neon neo-na jal-ha-shyeo

You can't stop me lovin' myself
You can't stop me lovin' myself

Section 2

얼쑤 좋다
eol-ssu jo-ta

You can't stop me lovin' myself
You can't stop me lovin' myself

지화자 좋다
ji-hwa-ja jo-ta

You can't stop me lovin' myself
You can't stop me lovin' myself

Section 3

OHOHOHOH OHOHOHOHOHOH
OHOHOHOH OHOHOHOHOHOH

OHOHOHOH 덩기덕 쿵더러러 얼쑤
OHOHOHOH deong-gi-deok kung-deo-reo-reo eol-ssu

OHOHOHOH OHOHOHOHOHOH
OHOHOHOH OHOHOHOHOHOH

OHOHOHOH 덩기덕 쿵더러러 얼쑤
OHOHOHOH deong-gi-deok kung-deo-reo-reo eol-ssu

Conseils pour bien chanter au concert

(1) Quand on chante, « 니 (*ni*) » se prononce très vite.

Face off 마치 오우삼, ay
Face off ma-chi o-u-sam, ay

Top star with that spotlight, ay
Top star with that spotlight, ay

때론 ❶슈퍼히어로가 돼
ttae-ron shyu-peo-hi-eo-ro-ga dwae

돌려 대 너의 Anpanman
dol-lyeo dae neo-ui Anpanman

오늘 또 다른 날 맞이해
o-neul tto da-reun nal ma-ji-hae

어차피 전부 다 나이기에
eo-cha-pi jeon-bu da na-i-gi-e

고민보다는 걍 달리네
go-min-bo-da-neun gyang dal-li-ne

Runnin' man Runnin' man Runnin' man
Runnin' man Runnin' man Runnin' man

❷ 24시간이 적지
i-ship-sa-shi-ga-ni jeok-ji

헷갈림, 내겐 사치
het-gal-lim, nae-gen sa-chi

I do my thang I love myself
I do my thang I love myself

Répétez Section 1-3

I'm so fine wherever I go
I'm so fine wherever I go

가끔 멀리 돌아가도
ga-kkeum meol-li do-ra-ga-do

I love myself, I love my fans
I love myself, I love my fans

Love my dance and my what
Love my dance and my what

내 속 안엔 몇십 몇백 명의 내가 있어
nae sok a-nen myeot-ship myeot-baek myeong-ui nae-ga i-sseo

It's okay, I'm in love with my-myself
It's okay, I'm in love with my-myself

It's okay, 난 이 순간 행복해
It's okay, nan i sun-gan haeng-bo-kae

Répétez Section 2-3

❶ 슈퍼히어로 est une transcription en coréen du mot anglais *superhero*. Il s'écrit 슈 (*shyu*), mais se prononce « 수 (*su*) » à l'oral.

❷ Le nombre 24 se lit « 이십사 (*i-ship-sa*) ». Dans cette partie, on chante en coupant les paroles comme suit :
이십 / 사시 / 가니 / 적찌 / (헷) 갈림 / 내겐 / 사치
(*i-ship / sa-shi / ga-ni / jeok-ji / (het) gal-lim / nae-gen / sa-chi*).

You can call me artist
You can call me artist

You can call me idol
You can call me idol

아님 어떤 다른 뭐라 해도
Peu importe comment tu m'appelles

I don't care
I don't care

아님 어떤 다른 뭐라 **해도**

Peu importe comment tu m'appelles

뭐라 하다 signifie littéralement « appeler quelqu'un ou quelque chose par un nom », mais familièrement, cela peut aussi avoir le sens de « réprimander ou dire quelque chose de négatif ». -**아/어/해도** est une expression utilisée lorsque la première situation décrite n'affecte pas la seconde.

Exemple 다른 사람들이 뭐라 **해도** 저는 전혀 신경 쓰지 않아요.
Quoi que disent les autres, je m'en fiche complètement.

방탄소년단
@BTS_twt

몸이 부서졌**어도** 오늘이라면 아프지 않았을 겁니다.
고맙습니다.

Si mon corps s'était effondré, je n'aurais pas souffert, un jour comme aujourd'hui. Je vous remercie.
#JungKook

Dans ces paroles, les BTS délivrent le message suivant : peu importe que les gens les appellent *artistes* ou *idols* ou autres, ils n'en seront pas affectés.

RAPPEZ COMME BTS !

(You) can call me **artist** / (You) can call me **idol** / 아님 어떤 **다른** / 뭐라 해도 **I don't** care

Le mot anglais *artist* et le mot coréen 다른 (*da-reun*) se prononcent ici de manière assez similaire pour former une rime. Le mot *idol* et l'expression *I don't* se prononcent également de manière similaire.

Les Coréens lisent le mot *artist* comme « 아티스트 (*a-ti-seu-teu*) ». Alors que la partie « st » n'a pas de voyelles en anglais, les Coréens insèrent la voyelle « ㅡ (*eu*) » pour le prononcer comme « 스트 (*seu-teu*) ».

아님 ou sinon
어떤 quelque
다른 autre

저 Je (forme honorifique)
전혀 du tout
신경 쓰다 se soucier

부서지다 s'effondrer

I'm proud of it
I'm proud of it
난 자유롭네
Je suis libre
No more irony
No more irony
나는 항상 나였기에
Car j'ai toujours été moi-même

난 자유롭네 ... 나는 항상 나**였기에**

Je suis libre [...] Car j'ai toujours été moi-même

_이기에 est une expression soutenue, utilisée à l'écrit ou dans des paroles de chanson, qui sert à présenter une raison à quelque chose. Dans la chanson, sa forme conjuguée _였기에 fait référence à une raison du passé.
BTS déclare : car j'ai toujours été moi-même, j'en suis fier (*I'm proud of it*), je suis libre et il n'y a plus d'ironie (*No more irony*).

손가락질 해, 나는 전혀 신경 쓰지 않네
Tu peux me pointer du doigt, cela m'est complètement égal
나를 욕하는 너의 그 이유가 뭐든 간에
Quelles que soient tes raisons pour m'insulter

손가락질 해, 나는 전혀 신경 쓰지 않네

Tu peux me pointer du doigt, cela m'est complètement égal

손가락질 est un terme composé de 손가락 (doigt) et de _질 qui se rapporte à tout type d'action effectuée par une partie du corps ou un outil. S'il peut simplement désigner l'action de pointer quelque chose du doigt, il peut aussi avoir le sens figuré de dénigrer quelqu'un. 전혀 (aucunement) est souvent utilisé dans une construction négative pour souligner la négativité.
Les BTS disent que même si d'autres personnes les pointent du doigt et les dénigrent pour quelque raison que ce soit (나를 욕하는 너의 그 이유가 뭐든 간에), ils ne s'en soucient aucunement.

I know what I am
I know what I want
I never gon' change
I never gon' trade
(Trade off)

♬
자유롭다 être libre
항상 toujours
손가락질 action de pointer du doigt
욕하다 blâmer, réprimander
그 ce/cette/ces
이유 raison
뭐든 간에 quelle qu'elle soit

뭘 어쩌고저쩌고 떠들어 대셔
Continue de jacasser à tort et à travers

I do what I do, 그니까 넌 너나 잘하셔
I do what I do, alors occupe-toi de tes affaires

You can't stop me lovin' myself
You can't stop me lovin' myself

뭘 어쩌고저쩌고 떠들어 대셔 ...
Continue de jacasser à tort et à travers [...]

그니까 넌 너나 잘하셔
alors occupe-toi de tes affaires

Les gens ne cessent de parler à tort et à travers, bla bla bla (어쩌고저쩌고), à propos de BTS. Mais BTS leur répond en disant 너나 잘하셔 (occupez-vous de vos affaires). Une traduction plus littérale de 너나 잘하셔 est : « Tu n'as qu'à bien faire tes affaires. »

♬

어쩌고저쩌고 bla bla bla
떠들다 parler à tort et à travers
그니까 donc, par conséquent
잘하다 bien s'en sortir

COMMENTAIRE DU CLIP VIDÉO

Des dessins de Jimin, SUGA et Jin apparaissent dans le clip.
Jimin a réalisé un dragon cracheur de feu, SUGA un grand monstre mangeur d'êtres humains, et Jin une baleine (*kore*).

Kore est la transcription anglaise du mot coréen 고래, qui signifie « baleine », en français. Il se prononce de façon similaire au mot japonais これ (*kore*), qui veut dire « ceci ». Jin aime tellement les baleines qu'il porte souvent des vêtements avec des motifs de baleines.

얼쑤 좋다
Waouh c'est génial

이 파트의 안무가 쉽지 않은데, 그래도 여러분이 '얼쑤 좋다'라고 외쳐 주실 때 정말 힘이 나요!
La chorégraphie dans cette partie n'est pas facile, mais j'ai un regain d'énergie quand vous criez « 얼쑤 좋다 ».

You can't stop me lovin' myself
You can't stop me lovin' myself

지화자 좋다
Hourra c'est génial

You can't stop me lovin' myself
You can't stop me lovin' myself

Nous avons vraiment beaucoup réfléchi à ce que nous allions mettre comme paroles à la place de « 얼쑤 좋다 ». Nous avions une vingtaine de possibilités différentes. À la fin, j'ai suggéré, un peu en plaisantant, « 얼쑤 좋다 », et ça m'est resté en tête, ça n'a pas cessé de résonner dans mes oreilles, si bien que nous avons fini par l'utiliser. Par la suite, les interjections comme « 지화자 좋다 » et « 덩기덕 쿵더러러 » ont suivi naturellement.

얼쑤 좋다 ... 지화자 좋다

Waouh c'est génial [...] Hourra c'est génial

얼쑤 (*Eulssu*) et 지화자 (*Jihwaja*) sont utilisées comme des interjections (*chuimsae*) lorsqu'on chante des chansons traditionnelles coréennes ou qu'on danse sur le rythme de la musique traditionnelle. Le couplet « 내가 나 스스로를 사랑하는 것을 너는 멈출 수 없어 (*You can't stop me lovin' myself*) » est suivi d'interjections comme « 얼쑤 » et « 지화자 » pour exprimer la joie ou l'enthousiasme, selon le rythme de la chanson.

♬
얼쑤 waouh
좋다 très bien, génial
지화자 좋다 hourra c'est génial

I love myself, I love my fans
I love myself, I love my fans
Love my dance and my what
Love my dance and my what
내 속 안엔 몇십 몇백 명의 내가 있어
Il y a des dizaines, des centaines de moi en moi

내 속 안엔 몇십 몇백 명의 내가 있어

Il y a des dizaines, des centaines de moi en moi

몇 est utilisé dans les questions sur les nombres, comme dans 몇 명이에요? (combien de personnes ?), et s'emploie aussi pour désigner vaguement un petit nombre de choses comme 몇 명 있어요 (il y a quelques personnes). Lorsque le nombre augmente, on peut l'exprimer avec 몇십 (dizaines) et 몇백 (centaines).
BTS chante « 몇십 몇백 명의 내가 있다 (il y a des dizaines et des centaines de moi-même) » pour dire qu'il existe beaucoup d'identités différentes chez une seule personne.

오늘 또 다른 날 맞이해
Aujourd'hui j'accueillie encore un autre moi
어차피 전부 다 나이기에
Après tout, il s'agit toujours de moi
고민보다는 걍 달리네
Au lieu de me casser la tête, je fonce, c'est tout
Runnin' man Runnin' man Runnin' man
Runnin' man Runnin' man Runnin' man

'고민보다…?' 무슨 노래가 떠오르지 않나요?
« 고민보다 (*go-min-bo-da*) ...? » Cette expression ne vous rappelle pas une chanson ?

오늘 또 다른 날 맞이해

Aujourd'hui j'accueillie encore un autre moi

어차피 전부 다 나이기에

Après tout, il s'agit toujours de moi

Comme ils le disent dans la partie précédente, il existe une multitude de moi en moi, le moi (나) qui se présente aujourd'hui est probablement différent du moi d'hier. Ils expriment donc qu'ils accueillent un autre moi aujourd'hui, qui n'est qu'un des nombreux moi de l'existence. C'est pour ça, chantent-ils, qu'ils préfèrent se contenter de s'en accommoder plutôt que s'inquiéter (고민보다는 걍 달리네).

♬

안 dedans, à l'intérieur
몇십 dizaines
몇백 centaines
명 unité de mesure pour les gens
맞이하다 accueillir
어차피 après tout, de toute façon
고민 inquiétude, angoisse
그냥(걍) juste
달리다 courir

I'm so fine wherever I go
I'm so fine wherever I go
가끔 멀리 돌아가도
Même si je fais parfois un grand détour
It's okay, I'm in love with my-myself
It's okay, I'm in love with my-myself
It's okay, 난 이 순간 행복해
It's okay, en cet instant je suis heureux

가끔 멀리 돌아가도 ...
Même si je fais parfois un grand détour [...]
난 이 순간 행복해
en cet instant je suis heureux

Où que l'on aille (*wherever I go*), il arrive parfois de devoir faire de longs détours. Pourtant, BTS chante : « Cela ne m'affecte pas et je suis heureux en ce moment-même parce que je m'aime (*I'm in love with my-myself*) ».

♬
가끔 parfois
멀리 loin
돌아가다 faire des détours
순간 moment, instant

COMMENTAIRE DU CLIP VIDÉO

Voici un extrait du clip vidéo juste avant la partie ci-dessus révélant le thème de la chanson en deux syllabes : 사랑 (amour).

CHAPITRE 5

불타오르네 (FIRE)

화양연화 YOUNG FOREVER

TRACKLIST

CD 1

1 INTRO : 화양연화
2 I NEED U
3 잡아줘
4 고엽
5 Butterfly prologue mix
6 RUN
7 Ma city
8 뱁새
9 쩔어
10 불타오르네 (FIRE)
11 Save ME
12 Epilogue : Young Forever

CD 2

1 Converse High
2 이사
3 Whalien 52
4 Butterfly
5 House OF Cards (full length edition)
6 Love is not over (full length edition)
7 I NEED U urban mix
8 I NEED U remix
9 RUN ballad mix
10 RUN (alternative mix)
11 Butterfly (alternative mix)

화양연화 YOUNG FOREVER (2016) est un album spécial concluant la série *화양연화* qui fait référence aux plus beaux moments de la vie. Il reflète toute l'énergie des BTS qui embrassent tous les changements de la vie et avancent résolument vers leurs rêves. Sa chanson phare « 불타오르네 (FIRE) » est une chanson électro-trap qui transmet le côté sauvage et débordant d'énergie de BTS ainsi qu'un message sur la nécessité d'accueillir la réalité, aussi catastrophique soit-elle, et de vivre l'instant présent avec toute l'intensité possible.

À PROPOS DE LA CHANSON

#Mettre_lambiance
#Chanson_dété
#Chanson_pour_travailler

'화양연화' 시리즈는 이 시대의 청춘들에게 외우는 청춘찬가로, 그중에서 '불타오르네 (FIRE)'는 정말 강력한 타이틀곡이며, 제가 열정적으로 참여한 뜻깊은 곡이기도 해요. 처음으로 무대 오프닝과 엔딩에 모두 제가 나오기도 하고요.

La série *화양연화* est une ode à la jeunesse, destinée à la jeune génération d'aujourd'hui. « 불타오르네 (FIRE) » est la chanson phare vraiment puissante de l'un de ses albums, et elle a aussi un grand sens pour moi, car j'ai participé à sa production avec passion. Pour la première fois, j'ai fait l'ouverture et la clôture du spectacle.

'불타오르네'라는 제목을 정하는 데 슈가 형의 도움이 컸죠. 경상도 대구에서는 용기가 샘솟을 때 "마, 불타오르네!"라고 말한다고 하는데, 여기서 모티브를 얻었어요.

SUGA nous a beaucoup aidés à choisir ce titre, « 불타오르네 ». Apparemment, les habitants de Daegu, dans la province de Gyeongsang, disent « 마, 불타오르네! » lorsqu'ils sentent le courage jaillir en eux, et c'est ce qui a inspiré le titre de cette chanson.

많은 ARMY 분들이 출근할 때나 아침에 밥 먹을 때 이 노래를 들으며 에너지를 얻었으면 좋겠어요.

J'espère que les nombreux ARMY se chargent en énergie en écoutant cette chanson sur le chemin du travail ou pendant le petit déjeuner.

불타오르네 (FIRE)

불타오르네
bul-ta-o-reu-ne

Fire

Fire

Fire

Fire

When I wake up in my room (room)
When I wake up in my room (room)

난 뭣도 없지
nan mweot-do eop-ji

해가 지고 난 후 (후)
hae-ga ji-go nan hu (hu)

비틀대며 걷지
bi-teul-dae-myeo geot-ji

다 만신창이로 취했어 취했어
da man-shin-chang-i-ro chwi-hae-sseo chwi-hae-sseo

막 욕해 길에서 길에서
mak yo-kae gi-re-seo gi-re-seo

나 맛이 갔지 미친놈 같지
na ma-shi gat-ji mi-chin-nom gat-ji

다 엉망진창, livin' like 삐-이-
da eong-mang-jin-chang, livin' like ppi-i-

Section 1

니 멋대로 살어 (살어) [1] 어차피 니 꺼야 (니 꺼야)
ni meot-dae-ro sa-reo (sa-reo) eo-cha-pi ni kkeo-ya (ni kkeo-ya)

애쓰지 좀 말어 (말어) 져도 괜찮아 (괜찮아)
ae-sseu-ji jom ma-reo (ma-reo) jeo-do gwaen-cha-na (gwaen-cha-na)

Errbody say La la la la la (La la la la la)
Errbody say La la la la la (La la la la la)

Say La la la la la (La la la la la)
Say La la la la la (La la la la la)

손을 들어 소리 질러 Burn it up
so-neul deu-reo so-ri jil-leo Burn it up

불타오르네
bul-ta-o-reu-ne

Section 2

BTS! BTS! (에오에오)
BTS! BTS! (e-o-e-o)

싹 다 불태워라 Bow wow wow
ssak da bul-tae-weo-ra Bow wow wow

BTS! BTS! (에오에오)
BTS! BTS! (e-o-e-o)

싹 다 불태워라 Bow wow wow
ssak da bul-tae-weo-ra Bow wow wow

Conseils pour bien chanter au concert

[1] Quand on chante, 어 (*eo*) se prononce très rapidement !

Hey, burn it up (burn it up)
Hey, burn it up (burn it up)

전부 다 태울 것 같이
jeon-bu da tae-ul kkeot ga-chi

Hey, turn it up (turn it up)
Hey, turn it up (turn it up)

새벽이 다 갈 때까지
sae-byeo-gi da gal ttae-kka-ji

그냥 살아도 돼 우린 젊기에
geu-nyang sa-ra-do dwae u-rin jeom-kki-e

그 말 하는 넌 뭔 수저길래
geu mal ha-neun neon mweon su-jeo-gil-lae

수저수저거려 난 사람인데
su-jeo-su-jeo-geo-ryeo nan sa-ra-min-de

(So what~)
(So what~)

Répétez Section 1-2

뮤직비디오에서는 이 가사가
2번이 아니라 총 3번 나와요.
Dans le clip vidéo, cette partie
est répétée trois fois en tout,
et pas seulement deux.

(Fire) 겁 많은 [1]자여 여기로
(Fire) geop ma-neun ja-yeo yeo-gi-ro

(Fire) 괴로운 자여 여기로
(Fire) goe-ro-un ja-yeo yeo-gi-ro

(Fire) 맨주먹을 들고 All night long
(Fire) maen-ju-meo-geul deul-go All night long

(Fire) 진군하는 발걸음으로
(Fire) jin-gun-ha-neun bal-kkeo-reu-meu-ro

(Fire) 뛰어 봐 미쳐 버려 다
(Fire) ttwi-eo bwa mi-cheo beo-ryeo da

(hot hot hot hotter) 싹 다 불태워라 Bow wow wow
(hot hot hot hotter) ssak da bul-tae-weo-ra Bow wow wow

(hot hot hot hotter) 싹 다 불태워라 Bow wow wow
(hot hot hot hotter) ssak da bul-tae-weo-ra Bow wow wow

Fire (hot hot hot hotter)
Fire (hot hot hot hotter)

Fire
Fire

싹 다 불태워라 Bow wow wow
ssak da bul-tae-weo-ra Bow wow wow

Fire (hot hot hot hotter)
Fire (hot hot hot hotter)

Fire
Fire

싹 다 불태워라 Bow wow wow
ssak da bul-tae-weo-ra Bow wow wow

용서해 줄게
yong-seo-hae jul-kke

[1] Quand on chante, les deux 여 (*yeo*) se prononcent comme s'ils étaient reliés en une seule syllabe.

불타오르네
Ça brûle

Fire
Fire
Fire
Fire
Fire
Fire
Fire
Fire

Je pense que l'intro est la partie la plus importante de cette chanson. Vous n'avez qu'à commencer à chanter, avec confiance et conviction, comme si vous étiez prêt à affronter quiconque se dressera devant vous.

불타오르네
Ça brûle

불타오르다 est un mot composé associant 불 (feu), 타다 (brûler) et 오르다 (monter), il signifie que le feu a pris et monte en flammes. Il peut également désigner métaphoriquement des émotions intenses et bouillonnantes.

♬
불타오르다 s'enflammer

When I wake up in my room
When I wake up in my room

난 뭣도 없지
Je n'ai absolument rien

해가 지고 난 후 비틀대며 걷지
Après le coucher du soleil, je titube

다 만신창이로 취했어 취했어
Complètement cassé, je suis ivre, ivre

막 욕해 길에서 길에서
Je vomis mes insultes dans la rue, dans la rue

나 맛이 갔지 미친놈 같지
Mes nerfs ont lâché, je suis comme un taré

다 엉망진창, livin' like 삐-이-
Tout est gâché, livin' like bi-ip-

난 뭣도 없**지**
Je n'ai absolument rien

해가 지고 난 후 비틀대며 걷**지**
Après le coucher du soleil, je titube

뭣 est une abréviation de 무엇 (quelque chose) et 뭣도 없다 est un terme familier qui s'emploie surtout à l'oral pour dire avec insistance qu'il n'y a rien de spécial ni de bon. -지 est une terminaison généralement utilisée pour confirmer une fois de plus ce que l'autre personne sait déjà, mais elle peut également être employée dans un contexte informel pour parler de sujets personnels. 난 뭣도 없지 est un exemple du second cas qu'on se lance dans un monologue léger, pour dire qu'il n'y a rien de spécial ou d'extraordinaire dans sa vie.
Ici, les BTS décrivent une situation plus ou moins négative (엉망진창, gâchis) où, après le coucher du soleil et la tombée de la nuit, ils sont ivres morts (다 민신창이로 취했이 취했어) et disent des insultes dans la rue (막 욕해 길에서 길에서).

RAPPEZ COMME BTS !

다 만신창이로 취**했어** 취**했어** / 막 욕해 길**에서** 길**에서**
La conjugaison du passé 했어 (*hae-sseo*) et le suffixe -에서 (*e-seo*), qui indique un lieu, se prononcent de façon similaire. 길에서 (*gi-re-seo*) de la phrase 길에서 막 욕해 est envoyé à la fin de la phrase pour former une rime avec 취했어 (*chwi-hae-sseo*).

—

나 맛이 **갔지** 미친놈 **같지**
갔지 (*gat-ji*) et 같지 (*gat-ji*) sont des termes homonymes. On prononce ici longuement la dernière syllabe 지(*ji*) pour l'accentuer.

♬

뭣 quoi, quelque chose
해가 지다 le soleil se couche
후 après
비틀대다 tituber
만신창이 cassé(e)
취하다 être saoul(e)
막 sans retenue
길 rue
맛이 가다 être hors d'état, partir en vrille
미친놈 personne idiote, folle
같다 être comme
엉망진창 pagaille, catastrophe
삐 bip

니 멋대로 살어 어차피 니 꺼야
Vis ta vie comme tu l'entends, c'est la tienne après tout

애쓰지 좀 말어 져도 괜찮아
Ne te démène pas trop, ce n'est pas grave de perdre

◂ La phrase correcte serait **네** 멋대로 살**아** 어차피 **네 거**야 (mène ta vie à ta guise, c'est la tienne, de toute façon), mais les paroles suivent les modèles de prononciation utilisés dans les conversations courantes et familières :
네 (*ne*) → 니 (*ni*)
살아 (*sa-ra*) → 살어 (*sa-reo*)
네 거 (*ne geo*) → 니 꺼 (*ni kkeo*)

니 멋대로 살어 어차피 니 꺼야
Vis ta vie comme tu l'entends, c'est la tienne après tout

애쓰**지** 좀 **말어** 져도 괜찮아
Ne te démène pas trop, ce n'est pas grave de perdre

멋대로 (멋 + 대로, guise + selon) est le synonyme de 마음대로 (마음 + 대로, cœur + selon). Cette expression signifie « selon (votre propre) volonté ». -지 말다 dans 애쓰지 좀 말어 est une terminaison utilisée lorsque vous dites à quelqu'un de ne pas faire quelque chose. Elle varie souvent sous forme de -지 마 ou -지 말아요.

Exemple 걱정하**지 마**. 괜찮아.
Ne vous inquiétez pas. Ce n'est pas grave.

Errbody say La la la la la (La la la la la)
Errbody say La la la la la (La la la la la)

Say La la la la la (La la la la la)
Say La la la la la (La la la la la)

손을 들어 소리 질러 Burn it up
Lève les mains et fais du bruit Burn it up

불타오르네
Ça brûle

방탄소년단
@BTS_twt

우리 남주니 생일 축하해요.
복 많이 받고 아프**지 말아요**.
#Jimin #모니생일ㅊㅋ

Joyeux anniversaire à notre Namjoon.
Beaucoup de bonheur, ne tombe pas malade.
#Jimin #Joyeux_anniversaire_Moni

BTS dit aux jeunes de vivre librement en faisant ce qu'ils veulent parce que leur vie leur appartient. Ils ajoutent également que les jeunes n'ont pas besoin de continuer à se battre de toutes leurs forces parce que perdre est également acceptable.

Il y a eu des moments stressants au cours de mes activités, mais écouter le passage de la chanson « 니 멋대로 살어 … 져도 괜찮아 (vis ta vie comme tu l'entends […] ce n'est pas grave de perdre) » m'a beaucoup apaisé. Je pense que de toutes nos chansons, c'est celle qui m'a permis de changer le plus.

♬
멋대로 à ta guise
살다 vivre
거(꺼) à moi, à toi
애쓰다 faire des efforts
좀 un peu
지다 perdre
들다 soulever
소리 지르다 crier

마음대로 selon ta volonté
걱정하다 s'inquiéter

축하하다 féliciter, célébrer
복 chance, bonheur
많이 beaucoup
받다 recevoir

싹 나 불태워라 Bow wow wow
Foutez le feu Bow wow wow
싹 다 불태워라 Bow wow wow
Foutez le feu Bow wow wow

싹 다 불태워**라**

Foutez le feu

싹 est un mot fort pour désigner 남김없이 전부 (tout sans rien laisser). Quand on ajoute les terminaisons impératives comme -아/어/해라 à 불태우다, cela donne un ordre un peu plus direct. Le titre de l'émission en ligne *달려라 방탄* (*Run BTS*) utilise aussi cette terminaison : 달리다 (courir) + 어라 donne une sensation plus forte.

방탄소년단
@BTS_twt

우리 아미 하트 받**아라**.
몽땅 받**아라**, 다 받**아라**!!!

Notre ARMY, recevez notre cœur.
Recevez notre cœur tout entier, recevez tout !!!
#V

Dans cette partie, BTS crie de tout brûler en livrant une performance spectaculaire.

싹 tout, sans rien laisser
불태우다 brûler

하트 cœur
몽땅 tout entier

Hey, burn it up
Hey, burn it up
전부 다 태울 것 같이
Comme si on allait tout cramer
Hey, turn it up
Hey, turn it up
새벽이 다 갈 때까지
Jusqu'à la fin de l'aube
그냥 살아도 돼 우린 젊기에
On peut juste profiter de la vie, car on est jeunes
그 말 하는 넌 뭔 수저길래
Tu es né avec quelle cuillère dans la bouche pour me parler ainsi ?
수저수저거려 난 사람인데
Arrête de parler de cuillère, je suis un être humain
(So what~)
(So what~)

RAPPEZ COMME BTS !

전부 다 태울 것 같이 ... 새벽이 다 갈 때까지

같이 ne se prononce pas « 가티 (*ga-ti*) » mais « 가치 (*ga-chi*) ». Ainsi, ça se prononce de façon similaire à 까지 (*kka-ji*), ce qui forme une rime. (Voir page 173 pour en savoir plus.)

—

우린 젊기에 ... 뭔 수저길래 ... 난 사람인데

Les deux dernières syllables, 기에, 길래 et 인데, dont les voyelles se prononcent de façon similaire, forment également une rime. « ㅐ (*ae*) » et « ㅔ (*e*) » se prononcent pratiquement de la même façon.

그냥 살아도 돼 우린 젊기에 ...
On peut juste profiter de la vie, car on est jeunes [...]
수저수저거려 난 사람인데
Arrête de parler de cuillère, je suis un être humain

그냥 signifie « comme ça, sans changement » ou « sans imposer un prix, une condition, une raison, etc. ». C'est une expression que les Coréens utilisent très souvent dans la vie courante.
L'expression 그냥 살아도 돼 qui apparaît dans cette partie peut être comprise comme « tu peux vivre comme ça, sans trop d'efforts », telle la phrase mentionnée dans les paroles précédentes : « 애쓰지 좀 말어 (ne te démène pas trop) ».
Le rap de cette partie est composé comme un dialogue. BTS dit aux jeunes que nous sommes jeunes et pouvons donc vivre comme ça, sans trop faire d'efforts. L'auditeur, lui, réplique : « Toi qui me parle ainsi, avec quelle cuillère dans la bouche (수저) es-tu né (그 말 하는 넌 뭔 수저길래) ? » BTS lui répond que nous ne sommes pas des couverts, mais des êtres humains (사람). Cela révèle le regard critique de BTS à l'égard de la société qui compare les gens à des couverts. (Voir page 87 pour en savoir plus sur les couverts.)

♬
태우다 brûler
새벽 aube
그냥 comme ça
젊다 être jeune
뭔 quel(le)(s)
수저 couvert, cuillère

(Fire) 겁 많은 자여 여기로
(Fire) Venez par ici, les peureux

(Fire) 괴로운 자여 여기로
(Fire) Venez ici, les tourmentés

(Fire) 맨주먹을 들고 All night long
(Fire) Les poings nus All night long

(Fire) 진군하는 발걸음으로
(Fire) Au pas de charge

(Fire) 뛰어 봐 미쳐 버려 다
(Fire) Sautons, jetons-nous tous dans la folie

겁 많은 자여 여기로
Venez par ici, les peureux

괴로운 자여 여기로
Venez ici, les tourmentés

맨주먹을 들고 All night long
Les poings nus All night long

맨주먹 signifie « poing (주먹) qui ne tient rien ».
Dans cette partie, BTS s'adresse aux gens très peureux et très tourmentés, il crie aux jeunes de sauter énergiquement (뛰어 봐) d'un pas vaillant, telle une armée (진군하는 발걸음으로), même s'ils ont les poings nus, sans armes et sans rien tenir, et de tout brûler.

♬

겁(이) 많다 être peureux(se), craintif(ve)
자 ceux qui…
_로 (venir) par
괴롭다 être tourmenté(e)
맨주먹 poing nu
진군하다 avancer telle une armée
발걸음 pas
뛰다 courir

싹 다 불태워라 Bow wow wow
Foutez le feu Bow wow wow
싹 다 불태워라 Bow wow wow
Foutez le feu Bow wow wow

Fire
Fire
Fire
Fire

'Fire~~' 이 부분은 이 앨범에서 제가 가장 좋아하는 부분이에요.
« Fire~~ » C'est ma partie préférée de tout l'album.

싹 다 불태워라 Bow wow wow
Foutez le feu Bow wow wow

Fire
Fire
Fire
Fire
싹 다 불태워라 Bow wow wow
Foutez le feu Bow wow wow

용서해 줄게
Je te pardonne

용서해 줄게
Je te pardonne

La terminaison -아/어/해 줄게 exprime une promesse ou une volonté de faire quelque chose pour l'autre personne. Ici, elle est combinée à 용서하다 (pardonner) pour dire qu'on est prêt à pardonner. Entre amis proches, on utilise aussi l'expression 봐주다 (fermer les yeux), ce qui donne 봐줄게.
La chanson que SUGA commence en prononçant cinq syllabes puissantes, 불타오르네, se termine par cinq syllabes tout aussi puissantes prononcées par SUGA, 용서해 줄게.

♬
용서하다 pardonner

Au début du clip, la chanson « 쩔어 (DOPE) » de l'album *화양연화 pt.1* (2015) est diffusée comme musique de fond. Le mot « YOUTH » accroché sur les barreaux métalliques devant BTS montre que cette chanson est un message adressé à la jeunesse.

Il y a beaucoup de scènes d'objets incendiés, comme des vélos, des voitures, des maisons, etc., mais il paraît que sur le lieu du tournage, il faisait plus froid qu'on ne l'aurait pensé. j-hope a dit en plaisantant qu'il avait envie de sauter dans le feu.

Il s'agit du moment fort du clip où on peut voir la danse de l'épée de BTS avec Jimin au centre. Cette partie est appelée par ARMY « danse 333 (333춤) » car elle commence à 3:33 du clip.

Je me rappelle avoir participé à des émissions à l'étranger avec les autres membres et enseigné la danse 333 à des stars étrangères. Beaucoup d'ARMY m'ont ensuite appelé « Professeur Jimin (지민 선생님) ».

LES *IDOLS* ET LA CULTURE CORÉENNE TRADITIONNELLE

Pour la chanson « IDOL », le costume que l'on voit dans le clip et sur scène est inspiré du 한복 (*hanbok*), le costume traditionnel.

La chorégraphie 지화자 좋다 où l'on effectue des rotations et des sauts est très similaire aux danses qui apparaissent souvent dans le *풍물놀이 (*pungmulnori*).

La chorégraphie 얼쑤 (*eulssu*) où on danse avec les épaules n'est pas très différente des mouvements que l'on fait pour exprimer sa joie dans la danse traditionnelle coréenne.

* **풍물놀이** est un événement musical qui se déroule en général dans les régions rurales de Corée. On y joue des instruments traditionnels accompagnés de danses et d'acrobaties.

En plus de ses paroles, la chanson « IDOL » fait la part belle à la culture traditionnelle coréenne dans sa chorégraphie, ses costumes et le décor dans son clip vidéo.

RETROUVEZ LES SCÈNES CI-DESSOUS DANS LE CLIP.

❶

❷

❸

❹

❺

Vous pouvez trouver divers éléments de la culture traditionnelle coréenne partout dans le clip. Comme par exemple ❶ 북청사자놀음 (*Bukcheong sajanoreum*), qui est un théâtre folklorique traditionnel où l'on danse en portant un masque de tête de lion, ❷ des peintures coréennes représentant des fleurs de prunier, des chrysanthèmes, des paysages, etc. utilisées comme décor et ❸ *buchaechum* (la danse à l'éventail). Par ailleurs, ❹ sur la peinture représentant les paysages coréens faisant office de décor, se croisent l'architecture traditionnelle coréenne et ❺ l'architecture euro-asiatique, ce qui montre clairement le caractère hybride de « IDOL ».

PARTIE 3

POUR ARMY

WE PURPLE YOU, ARMY 💜

CHAPITRE 6

Magic Shop

LOVE YOURSELF 轉 'TEAR'

TRACKLIST

1 Intro : Singularity
2 FAKE LOVE
3 전하지 못한 진심 (Feat. Steve Aoki)
4 134340
5 낙원
6 Love Maze
7 **Magic Shop**
8 Airplane pt.2
9 Anpanman
10 So What
11 Outro : Tear

LOVE YOURSELF 轉 'Tear' (2018) est un album de la série *LOVE YOURSELF* qui succède à la vidéo *LOVE YOURSELF 起 'Wonder'*, exprimant l'excitation et le frisson de l'amour, et à l'album *LOVE YOURSELF 承 'Her'*. Cet album parle de garçons qui, parce qu'ils portent des masques déformants, dissimulant leur vrai visage, vivent des séparations amoureuses douloureuses. « Magic Shop », l'une des pistes de cet album, est une chanson produite par Jung Kook et dédiée aux fans, dans le genre de la basse futuristique ; elle les invite à visiter le Magic Shop de BTS pour échapper à leur quotidien éreintant et trouver un moment de réconfort en écoutant les histoires sincères des membres du groupe.

À PROPOS DE LA CHANSON

#Ma_chanson_n°1
#Chanson_de_guérison
#Chanson_pour_quand_on_est_fatigué

'Magic Shop'은 RM 형이 팬미팅과 콘서트에서 팬들에게 한 말들을 바탕으로 만들어진 노래로,
곡 작업을 한다는 마음가짐보다는 팬 여러분을 사랑하는 우리의 마음을 담겠다는 마음가짐으로 만들었어요.
이 곡을 듣고 많은 분들이 힘을 내고 위로를 받을 수 있다면 저희도 정말 행복할 것 같아요.

« Magic Shop » est une chanson qui compile les propos tenus par RM à nos fans lors de rencontres et de concerts. Nous l'avons faite avec la volonté de capturer notre amour pour nos fans plutôt qu'avec celle de travailler sur une chanson. Si un grand nombre de gens se rechargent en énergie et se sentent réconfortés en écoutant cette chanson, nous serons comblés.

우리의 음악과 무대로 사람들에게 희망과 에너지를 주고 싶다는 마음을 이 노래에 담았어요.
힘들고 지칠 때, 이 노래를 찾아 들어 주세요.

Nous avons mis dans cette chanson notre vœu d'apporter aux gens espoir et énergie via notre musique et notre spectacle. Quand vous êtes fatigué et démoralisé, écoutez cette chanson.

'매직샵'은 저희 머스터*의 주제였기도 해요. 멤버들과 함께 차를 마시고 신청곡도 부르며 아미들과
힐링 타임을 보냈죠. 아미들도 따뜻한 차 한 잔을 마시며 이 노래를 들어 보세요.

매직샵 (Magic Shop) était aussi le thème de notre cinquième *MUSTER. Nous avons passé un moment de détente avec les ARMY en buvant du thé et en chantant les chansons demandées par ceux-ci. Vous aussi, ARMY, essayez d'écouter cette chanson en sirotant une tasse de thé chaud.

* 머스터 (MUSTER) : ce terme vient de l'anglais *to muster*, et la définition du dictionnaire est « rassembler les troupes ». C'est utilisé comme nom de « fan meeting », où se rassemblent les ARMY, le fan-club de BTS.

Magic Shop

망설인다는 걸 알아 진심을 말해도
mang-seo-rin-da-neun geol a-ra jin-shi-meul mal-hae-do

결국 다 흉터들로 돌아오니까
gyeol-guk da hyung-teo-deul-lo do-ra-o-ni-kka

❶ 힘을 내란 뻔한 말은 하지 않을 거야
hi-meul nae-ran ppeon-han ma-reun ha-ji a-neul kkeo-ya

난 내 얘길 들려줄게 들려줄게
nan nae yae-gil deul-lyeo-jul-kke deul-lyeo-jul-kke

내가 뭐랬어 이길 거랬잖아
nae-ga mweo-rae-sseo i-gil kkeo-raet-ja-na

믿지 못했어 (정말) 이길 수 있을까
mit-ji mo-tae-sseo (jeong-mal) i-gil ssu i-sseul-kka

이 기적 아닌 기적을 우리가 만든 걸까
i gi-jeok a-nin gi-jeo-geul u-ri-ga man-deun geol-kka

(No) 난 ❷여기 있었고 니가 내게 다가와 준 거야
(No) nan yeo-gi i-sseot-go ni-ga nae-ge da-ga-wa jun geo-ya

I do believe your galaxy 듣고 싶어 너의 멜로디
I do believe your galaxy deut-go shi-peo neo-ui mel-lo-di

너의 은하수의 별들은
neo-ui eun-ha-su-ui byeol-deu-reun

너의 하늘을 과연 어떻게 수놓을지
neo-ui ha-neu-reul gwa-yeon eo-tteo-ke su-no-eul-jji

나의 절망 끝에 결국 내가 널 찾았음을 잊지 마
na-ui jeol-mang kkeu-te gyeol-guk nae-ga neol cha-ja-sseu-meul it-ji ma

넌 절벽 끝에 서 있던 내 마지막 이유야
neon jeol-byeok kkeu-te seo it-deon nae ma-ji-mak i-yu-ya

Live.
Live.

Section 1

내가 나인 게 싫은 날 영영 사라지고 싶은 날
nae-ga na-in ge shi-reun nal yeong-yeong sa-ra-ji-go shi-peun nal

문을 하나 만들자 너의 맘 속에다
mu-neul ha-na man-deul-ja neo-ui mam so-ge-da

❸ 그 문을 열고 들어가면 이곳이 기다릴 거야
geu mu-neul yeol-go deu-reo-ga-myeon i-go-shi gi-da-ril kkeo-ya

믿어도 괜찮아 널 위로해 줄 Magic Shop
mi-deo-do gwaen-cha-na neol wi-ro-hae jul Magic Shop

Section 2

따뜻한 차 한 잔을 마시며
tta-tteu-tan cha han ja-neul ma-shi-myeo

저 은하수를 올려다보며
jeo eun-ha-su-reul ol-lyeo-da-bo-myeo

넌 괜찮을 거야 oh 여긴 Magic Shop
neon gwaen-cha-neul kkeo-ya oh yeo-gin Magic Shop

Section 3

So show me (I'll show you)

So show me (I'll show you)

So show me (I'll show you)

Show you show you

Conseils pour bien chanter au concert

❶ Quand on chante, 을 (*eul*) dans 힘을 se prononce très vite. Chantez en coupant comme ça :
히를 내란 뻔한 **말 / 은** 하지 아늘 꺼야
(*hi-meul nae-ran ppeon-han* ***mal / eun*** *ha-ji a-neul kkeo-ya*).

❷ Quand on chante, 기 있었고 (*gi i-sseot-go*) se contracte en « 깄었고 (*gi-sseot-go*) ».

❸ Chantez en coupant comme ça :
그 무늘 / 열고 / **드러가 / 며 니** / 고시 / 기다 / 릴 꺼야
(*geu mu-neul / yeol-go /* ***deu-reo-ga / myeo ni*** */ go-shi / gi-da / ril kkeo-ya*).
면 (*myeon*) se prononce en faisant la liaison avec 이 (*i*) qui le suit,
ce qui se prononce « 며 니 (*myeo ni*) ».

필 땐 장미꽃처럼
pil ttaen jang-mi-kkot-cheo-reom

흩날릴 땐 벚꽃처럼
heun-nal-lil ttaen beot-kkot-cheo-reom

질 땐 나팔꽃처럼
jil ttaen na-pal-kkot-cheo-reom

아름다운 그 순간처럼
a-reum-da-un geu sun-gan-cheo-reom

항상 최고가 되고 싶어
hang-sang choe-go-ga doe-go shi-peo

그래서 조급했고 늘 초조했어
geu-rae-seo jo-geu-paet-go neul cho-jo-hae-sseo

남들과 ❶비교는 일상이 돼 버렸고
nam-deul-gwa bi-gyo-neun il-ssang-i dwae beo-ryeot-go

무기였던 내 욕심은 되려 날 옥죄고 또 목줄이 됐어
mu-gi-yeot-deon nae yok-shi-meun doe-ryeo nal ok-joe-go tto mok-ju-ri dwae-sseo

그런데 말야 돌이켜 보니 사실은 말야 나
geu-reon-de ma-rya do-ri-kyeo bo-ni sa-shi-reun ma-rya na

최고가 되고 싶었던 것이 아닌 것만 같아
choe-go-ga doe-go shi-peot-deon geo-shi a-nin geon-man ga-ta

위로와 감동이 되고 싶었었던 나
wi-ro-wa gam-dong-i doe-go shi-peo-sseot-deon na

그대의 슬픔, 아픔 거둬 가고 싶어 나
geu-dae-ui seul-peum, a-peum geo-dweo ga-go shi-peo na

Répétez Section 1-3

나도 모든 게 다 두려웠다면 믿어 줄래
na-do mo-deun ge da du-ryeo-weot-da-myeon mi-deo jul-lae

모든 진심들이 남은 시간들이
mo-deun jin-shim-deu-ri na-meun shi-gan-deu-ri

너의 모든 해답은 니가 찾아낸 이곳에
neo-ui mo-deun hae-da-beun ni-ga cha-ja-naen i-go-se

너의 은하수에 너의 마음속에
neo-ui eun-ha-su-e neo-ui ma-eum-sso-ge

You gave me the best of me
You gave me the best of me

So you'll give you the best of you
So you'll give you the best of you

날 찾아냈잖아 날 알아줬잖아
nal cha-ja-naet-ja-na nal a-ra-jweot-ja-na

You gave me the best of me
You gave me the best of me

So you'll give you the best of you
So you'll give you the best of you

넌 찾아낼 거야 네 안에 있는 galaxy
neon cha-ja-nael kkeo-ya ne a-ne in-neun galaxy

Répétez Section 3

❶ Quand on chante, cela se prononce « 비굔 (*bi-gyon*) ».

망설인다는 걸 알아 진심을 말해도
Je sais que tu hésites, car même si tu ouvres ton cœur
결국 다 흉터들로 돌아오니까
Tu ne récoltes que des cicatrices
힘을 내란 뻔한 말은 하지 않을 거야
Je ne dirai pas de clichés pour t'encourager
난 내 얘길 들려줄게 들려줄게
Moi, je vais te raconter, je vais te raconter mon histoire

힘을 내란 뻔한 말은 하지 않을 거야
Je ne dirai pas de clichés pour t'encourager
난 내 얘길 들려줄게 들려줄게
Moi, je vais te raconter, je vais te raconter mon histoire

뻔한 말 (mots conventionnels) fait référence à quelque chose de suffisamment prévisible ou à un cliché. Par exemple : 힘을 내 (courage) est une expression positive, mais un peu cliché.
Il n'est pas facile d'ouvrir son cœur à quelqu'un. Même si on le fait avec courage, cela risque de nous retomber dessus et de laisser des cicatrices (진심을 말해도 결국 다 흉터들로 돌아오니까). Toutefois, si l'autre s'ouvre en premier, on pourra plus facilement raconter notre histoire. BTS chante qu'il ne va pas énoncer des clichés comme 힘을 내, mais au contraire raconter son histoire personnelle.

♬
망설이다 hésiter
진심 sincérité
결국 finalement
흉터 cicatrice
힘을 내다 s'encourager
-(으)란 demandant de
뻔하다 cliché
얘기 histoire
들려주다 raconter

내가 뭐랬어
Je te l'avais dit
이길 거랬잖아
Qu'on gagnerait
믿지 못했어 (정말)
Je n'y croyais pas (pour de vrai)
이길 수 있을까
Pourrons-nous gagner ?
이 기적 아닌 기적을
Ce miracle qui n'en est pas un
우리가 만든 걸까
Est-ce nous qui l'avons accompli ?
(No) 난 여기 있었고
(No) Moi, j'étais ici
니가 내게 다가와 준 거야
C'est toi qui es venu(e) vers moi

Nous ne croyions pas non plus en nous. Ni que nous allions réussir. Nous avions des conversations du genre : « Tu crois qu'on se produira un jour au *체조경기장 *(KSPO DOME) avant la fin de notre carrière ? » / « Je ne suis pas sûr. »*

— Extrait du commentaire de RM à la fin du concert *WINGS FINAL*.

* Le 체조경기장 (올림픽체조경기장; KSPO DOME) est un stade immense situé dans le parc olympique de Séoul, en Corée du Sud. Comme il est équipé d'une grande scène et d'un grand nombre de sièges, il fait souvent office de lieu de concert pour les artistes célèbres. BTS y a donné un concert à peine trois ans après ses débuts, et le cinquième MUSTER Magic Shop s'est également déroulé là-bas.

내가 뭐랬어 이길 거랬잖아

Je te l'avais dit Qu'on gagnerait

믿지 못했어 (정말) 이길 수 있을까

Je n'y croyais pas (pour de vrai) Pourrons-nous gagner ?

내가 뭐랬어, -(으)ㄹ 거랬잖아 est une expression employée pour souligner et confirmer que l'on avait raison à propos de ce que l'on avait prédit.
En 2015, BTS a déclaré sur les réseaux sociaux : « 나와 나의 여러분은 결국 이길 것이다. 아무도 모르는 새 아주 자연스럽게 (Moi et toi, mon ARMY, finirons par gagner très naturellement, sans que personne ne le sache). » Ces paroles se sont concrétisées et BTS est devenu un groupe très apprécié.
Cependant, il y a eu des moments où BTS ne croyait pas à la possibilité de sa victoire. RM a même fait la déclaration ci-dessous lors du concert *WINGS FINAL*. Malgré tout, BTS a réussi à s'en sortir.

♬

이기다 gagner
믿다 croire
-지 못하다 ne pas parvenir
기적 miracle
다가오다 approcher

따뜻한 차 한 잔을 마시며
Buvant une tasse de thé chaud

저 은하수를 올려다보며
Les yeux levés vers la galaxie

넌 괜찮을 거야 oh 여긴 Magic Shop
Tu iras bien oh on est dans le Magic Shop

So show me (I'll show you)
So show me (I'll show you)
So show me (I'll show you)
Show you show you

함께 불러요! 저희가 'So show me'라고 하면 아미는 'I'll show you'를 크게 외쳐 주세요!
Chantez avec nous ! Quand nous chantons « So show me », vous, ARMY, criez très fort « I'll show you ».

따뜻한 차 한 잔을 마시**며**
Buvant une tasse de thé chaud

저 은하수를 올려다보**며**
Les yeux levés vers la galaxie

Le suffixe -(으)며 signifie que l'on fait deux choses en même temps.

Exemple 방탄소년단의 이야기를 들**으며** 서로를 위로해요.
Nous nous réconfortons en écoutant des histoires de BTS.

방탄소년단
@BTS_twt

아미 덕분에 매일 웃**으며** 살아갑니다.
알라뷰 아미.

Je souris tous les jours grâce à toi, ARMY.
Je t'aime, ARMY.

#Jin

괜찮을 거야 (ça va aller) est une phrase qu'on emploie souvent pour réconforter quelqu'un. Si vous prenez une tasse de thé chaud au Magic Shop où BTS vous attend et si vous écoutez ces histoires en admirant la magnifique galaxie, ça ira mieux.

따뜻하다 chaud(e)
차 thé
잔 tasse
마시다 boire
올려다보다 lever les yeux et regarder

이야기 histoire
서로 mutuellement

매일 tous les jours
웃다 sourire, rire
살아가다 vivre

필 땐 장미꽃처럼
Fleurir comme une rose

흩날릴 땐 벚꽃처럼
Se disperser comme une fleur de cerisier

질 땐 나팔꽃처럼
Flétrir comme une belle-de-jour

아름다운 그 순간처럼
Comme ces moments magnifiques

Le message de remerciement que j'ai écrit pour la partie « Thanks to » de notre album 화양연화 *pt.1 (2015) s'est retrouvé dans la chanson.*

—

필 때는 장미꽃처럼 Fleurir comme une rose

흩날릴 때는 벚꽃처럼 Se disperser comme une fleur de cerisier

질 때는 나팔꽃처럼 Flétrir comme une belle-de-jour

항상 그 순간순간 À chaque moment

아름답고 열정적으로 살겠습니다. Je mènerai une vie magnifique et passionnante.

모든 분들 사랑합니다! Je vous aime tous !

필 **땐** 장미꽃**처럼** ... 아름다운 그 순간**처럼**

Fleurir comme une rose [...] Comme ces moments magnifiques

필 땐 est une abréviation de 필 때는 ; -(으)ㄹ 때 est utilisé pour exprimer un moment ou une situation spécifique. _처럼 s'emploie pour décrire quelque chose d'identique ou de similaire, souvent au sens figuré.

Exemples 아미를 위해 노래할 **때** 가장 행복해요.
Je suis le plus heureux quand je chante pour ARMY.

여러분은 별**처럼** 아름다운 사람들이에요.
Vous êtes des personnes belles comme les étoiles.

Les roses, les fleurs de cerisier et les belles-de-jour sont toutes de belles fleurs. Mais les moments spécifiques où les roses s'épanouissent, où les fleurs de cerisier se dispersent en pétales et où les belles-de-jour se fanent sont particulièrement beaux. Cette partie parle de ces merveilleux moments.

장미꽃
Roses

벚꽃
Fleurs de cerisier

나팔꽃
Belles-de-jour

피다 s'épanouir
장미꽃 rose
흩날리다 se disperser
벚꽃 fleur de cerisier
(꽃이) 지다 faner
나팔꽃 belle-de-jour

위해 pour
노래하다 chanter
가장 le plus
열정적으로 passionnément

나도 모든 게 다 두려웠다면 믿어 줄래
Me croirais-tu si je disais que moi aussi j'avais peur de tout
모든 진심들이 남은 시간들이
Toute la sincérité, le temps qui reste
너의 모든 해답은 니가 찾아낸 이곳에
Toutes tes réponses sont dans cet endroit que tu as fini par trouver
너의 은하수에 너의 마음속에
Dans ta galaxie, dans ton cœur

너의 모든 해답은 니가 찾아낸 이곳**에**
Toutes tes réponses sont dans cet endroit que tu as fini par trouver
너의 은하수에 너의 마음속**에**
Dans ta galaxie, dans ton cœur

_에 있다 signifie être dans une certaine position ou dans un certain lieu et ici, le mot 있다 est omis.
Page 97, on a dit qu'il y a eu des moments où même BTS a douté de son succès. BTS raconte qu'à l'époque, il avait peur de tout, et même du temps qui lui restait à exister (나도 모든 게 다 두려웠다면 믿어 줄래 모든 진심들이 남은 시간들이). Aujourd'hui, voilà ce qu'il dit : « *Tu (ARMY)* traverses peut-être des moments difficiles, mais les réponses à tes problèmes ne sont pas loin. Elles sont juste là, dans ce Magic Shop que tu as trouvé toi-même, et dans ta galaxie, c'est-à-dire dans ton cœur à toi (ARMY). »

♬
남다 rester
해답 réponse
찾아내다 trouver
마음속 dans son cœur

You gave me the best of me
You gave me the best of me

So you'll give you the best of you
So you'll give you the best of you

날 찾아냈잖아 날 알아줬잖아
Tu m'as trouvé, tu m'as apprécié

You gave me the best of me
You gave me the best of me

So you'll give you the best of you
So you'll give you the best of you

넌 찾아낼 거야 네 안에 있는 galaxy
Tu vas finir par la trouver, la galaxy en toi

Parfois, vous nous dites :

« Je suis heureux(se) de voir que vous avez si bien réussi. Mais ma vie, mon rêve, n'avancent toujours pas. Je me réjouis de vous voir aller si loin, mais en même temps, je me sens désespéré(e). »

[...]

Ce que nous aimerions vous dire, c'est que, quand nous avons commencé, nous étions tous vraiment en piteux état, ahaha !

(Mais) nous avons fini par nous en sortir. Puisque vous nous avez découverts, si notre existence, notre musique, nos spectacles, nos photos et vidéos peuvent vous aider un jour, ne serait-ce qu'un tout petit peu, dans vos rêves – même si ce n'est pas forcément un rêve – et dans votre vie en général, et si nous arrivons à faire passer votre souffrance de 100 à 99, 98, 97, ça vaut la peine pour nous d'exister. Je vous aime sincèrement.

– Extrait du commentaire de RM à la fin du concert *WINGS FINAL*.

날 찾아냈**잖아** 날 알아줬**잖아**

Tu m'as trouvé, tu m'as apprécié

-잖아 est une terminaison employée pour confirmer quelque chose que, d'après vous, votre interlocuteur sait ou reconnaîtra, comme lorsqu'on dit « tu vois » à la fin d'une phrase.
Il s'agit là de la partie où BTS chante : « Tout comme *tu* (ARMY) m'as donné la meilleure version de moi-même (*You gave me the best of me*) en découvrant mon existence et en reconnaissant ma valeur, tu découvriras aussi la meilleure version de toi (*You'll give you the best of you*) et la galaxie qui est dans ton cœur (넌 찾아낼 거야 네 안에 있는 galaxy). »

♬
알아주다 reconnaître

CHAPITRE 7

We are Bulletproof : the Eternal

MAP OF THE SOUL : 7

TRACKLIST

1 Intro : Persona
2 작은 것들을 위한 시 (Boy With Luv) (Feat. Halsey) ◂ CHAPITRE 1
3 Make It Right
4 Jamais Vu
5 Dionysus
6 Interlude : Shadow
7 Black Swan
8 Filter
9 시차
10 Louder than bombs
11 ON ◂ CHAPITRE 2
12 욱 (UGH!)
13 00:00 (Zero O'Clock)
14 Inner Child
15 친구
16 Moon
17 Respect
18 **We are Bulletproof : the Eternal**
19 Outro : Ego

MAP OF THE SOUL : 7 (2020) est un album qui retrace le voyage qu'a effectué BTS à la découverte de son vrai moi. Le chiffre 7 figurant dans le titre et sur le dessin de sa pochette symbolise les sept membres de BTS et les sept ans écoulés depuis ses débuts, il nous invite à revisiter son passé. L'une de ses pistes, « We are Bulletproof : the Eternal », est un hymne de stade EDM. Elle montre la façon dont le groupe BTS s'est uni et a mûri au cours de ces sept années.

À PROPOS DE LA CHANSON

#Ma_chanson_n°1
#Chanson_pour_dormir
#À_voir_sur_scène

'We are Bulletproof : the Eternal'은 저희가 연습생 시절에 만든 'We are Bulletproof Pt.1'과
데뷔 앨범 2 COOL 4 SKOOL에 수록된 'We are Bulletproof Pt.2'를 잇는 완결곡이면서도 또 다른 분위기를 느낄 수 있는 곡이에요.

« We are Bulletproof : the Eternal » est une chanson de clôture à la suite de « We are Bulletproof Pt.1 » que nous avons composée quand nous étions stagiaires et de « We are Bulletproof Pt.2 », incluse dans l'album de nos débuts *2 COOL 4 SKOOL*, mais en installant une ambiance différente.

방탄소년단이 성장해 온 모습과 그 시절의 여러분을 떠올리며 이 노래를 들어 주세요. 노래 곳곳에 숨어 있는
'We are Bulletproof Pt.2' 가사도 함께 찾아보세요.

Écoutez cette chanson en vous rappelant la façon dont BTS a évolué et ce que vous étiez à cette époque. Cherchez en même temps les paroles de « We are Bulletproof Pt.2 » cachées partout dans cette chanson.

We are Bulletproof : the Eternal

가진 게 꿈밖에 없었네
ga-jin ge kkum-ba-kke eop-seon-ne

눈 뜨면 뿌연 아침뿐
nun tteu-myeon ppu-yeon a-chim-ppun

밤새 춤을 추며 노래해
bam-sae chu-meul chu-myeo no-rae-hae

그 끝이 없던 악보들
geu kkeu-chi eop-deon ak-bo-deul

Ay 우린 호기롭게 shout
Ay u-rin ho-gi-rop-ge shout

'다 던져 봐'
'da deon-jeo bwa'

세상과 첫 싸움
se-sang-gwa cheot ssa-um

Don't wanna die
Don't wanna die

But so much pain
But so much pain

Too much cryin'
Too much cryin'

So 무뎌지는 칼날
So mu-dyeo-ji-neun kal-lal

Section 1

Oh I
Oh I

We were only seven
We were only seven

I
I

But we have you all now
But we have you all now

일곱의 겨울과 봄 뒤에
il-go-bui gyeo-ul-gwa bom dwi-e

이렇게 맞잡은 손끝에
i-reo-ke mat-ja-beun son-kkeu-te

Oh I
Oh I

Yeah we got to heaven
Yeah we got to heaven

Section 2

내게 돌을 던져
nae-ge do-reul deon-jeo

우린 겁이 없어 anymore
u-rin geo-bi eop-seo anymore

We are we are together bulletproof
We are we are together bulletproof

(Yeah we have you have you)
(Yeah we have you have you)

또 겨울이 [1]와도
tto gyeo-u-ri wa-do

누가 날 [1]막아도 걸어가
nu-ga nal ma-ga-do geo-reo-ga

We are we are forever bulletproof
We are we are forever bulletproof

(Yeah we got to heaven)
(Yeah we got to heaven)

Conseils pour bien chanter au concert

[1] Quand on prononce délibérément fort 도 (*do*), on entend « 또 (*tto*) ».

We are bullet bullet bulletproof
We are bullet bullet bulletproof

부정적인 시선에 맞서 우린 해냈구
bu-jeong-jeo-gin shi-seo-ne mat-seo u-rin hae-naet-gu

나쁜 기억도 많은 시련도
na-ppeun gi-eok-do ma-neun shi-ryeon-do

다 호기롭게 우린 막아 냈지 bulletproof
da ho-gi-rop-ge u-rin ma-ga naet-ji bulletproof

늘 생각해
neul saeng-ga-kae

아직 꿈속인 건 아닐까
a-jik kkum-sso-gin geon a-nil-kka

길었던 겨울
gi-reot-deon gyeo-ul

끝에 온 게 진짜 봄일까
kkeu-te on ge jin-jja bo-mil-kka

모두 비웃던
mo-du bi-ut-deon

한땐 부끄럽던 이름
han-ttaen bu-kkeu-reop-deon i-reum

이건 쇠로 된 증명
i-geon soe-ro doen jeung-myeong

"Bullet-proof."
« Bullet-proof. »

Répétez Section 1-2

Oh oh
Oh oh

다신 멈추지 않을래
da-shin meom-chu-ji a-neul-lae

여기 우리가 함께이기에
yeo-gi u-ri-ga ham-kke-i-gi-e

Tell me your every story
Tell me your every story

Tell me why you don't stop this
Tell me why you don't stop this

Tell me why you still walkin'
Tell me why you still walkin'

Walkin' with us
Walkin' with us

(Yeah we got to heaven)
(Yeah we got to heaven)

Répétez Section 2

(Yeah we have you have you)

Yeah we are not seven, with you

Yeah we are not seven, with you

Yeah we are not seven

With you

가진 게 꿈밖에 없었네
Nous n'avions rien sauf notre rêve

눈 뜨면 뿌연 아침뿐
Quand nous ouvrions les yeux, il n'y avait qu'un matin brumeux

밤새 춤을 추며 노래해
Danser et chanter toute la nuit

그 끝이 없던 악보들
Ces partitions sans fin

'We are Bulletproof Pt.2'에도 비슷한 가사 '학교 대신 연습실에서 밤새 춤을 추고 노래 불렀네'가 나왔어요.

Dans la chanson « We are Bulletproof Pt.2 » apparaît aussi une phrase similaire : « Au lieu d'être en salle de classe, j'ai dansé et chanté nuit et jour dans la salle de répétition. »

가진 게 꿈**밖에 없**었네
Nous n'avions rien sauf notre rêve

눈 뜨면 뿌연 아침**뿐**
Quand nous ouvrions les yeux, il n'y avait qu'un matin brumeux

_밖에 없다 a le même sens que _만 있다 (il n'y a que ça), c'est-à-dire qu'il n'y a rien d'autre à part ça. Le mot _뿐 de 뿌연 아침뿐 est un synonyme de 오직 (seulement). Il est utilisé ici pour souligner la pénombre du matin.
Les BTS se remémorent leur passé où ils couraient en ne voyant que leurs rêves. « 그 끝이 없던 악보들 (Ces partitions sans fin) » est une métaphore pour exprimer cela : ils parlent ainsi de leur passé, quand il chantaient et dansaient sans fin, toute la nuit (밤새 춤을 추며 노래해).

BTS_official
@bts_bighit

18/02 JOYEUX ANNIVERSAIRE J-HOPE
아미의 하나**뿐**인 HOPE

Le seul HOPE (espoir) d'ARMY

_밖에 없다 peut s'employer dans le même sens que _밖에 모르다. Tous les deux peuvent signifier _만 알다 (je ne connais que...).

방탄소년단
@BTS_twt

김태형은 아미**밖에 몰라**. 사랑해요. 고마워요.
나 기다려요. 얼른 봐요. 보고 싶어요. 아미가 소중해요.

Kim Taehyung ne connaît qu'ARMY.
Je t'aime, je te remercie. Je t'attends. À très vite.
Tu me manques. ARMY est précieux.
#V

♬

가지다 avoir, posséder
꿈 rêve
뿌옇다 flou(e), opaque
아침 matin
밤새 toute la nuit
춤을 추다 danser
끝이 없다 sans fin
악보 partition

얼른 très vite
소중하다 être précieux(se)

Ay 우린 호기롭게 shout
Ay, notre shout de bravoure

'다 던져 봐'
« Donnez tout ce que vous avez »

세상과 첫 싸움
Notre premier combat avec le monde

Don't wanna die
Don't wanna die

But so much pain
But so much pain

Too much cryin'
Too much cryin'

So 무뎌지는 칼날
So émoussées sont nos lames

À cette époque, nous n'avions que nos rêves. Nous apprenions par cœur les paroles imprimées sur des feuilles, les déchirions, les écrivions de nouveau, puis nous pleurions tellement que nos larmes laissaient des traces sur les feuilles...

우린 호기롭게 shout ... 무뎌지는 칼날

Notre shout de bravoure [...] émoussées sont nos lames

칼날 (lame) désigne la partie tranchante d'un couteau (칼). 칼을 갈다 (aiguiser un couteau) signifie se préparer à un combat, comme on aiguiserait la lame de son arme blanche avant la bataille.

En 2013, BTS a fait ses débuts en mettant courageusement le monde au défi de lui jeter des pierres comme en témoignent les paroles « Jette-moi des pierres si jamais tu t'es donné autant de mal que moi (나만치 해 봤다면 돌을 던져) » extraites de la chanson « We are Bulletproof Pt.2 ». Les débuts de BTS ont représenté son premier combat contre le monde (세상과 첫 싸움). À l'instar des paroles de « We are Bulletproof Pt.2 » : « Je te montrerai à quel point j'ai aiguisé mon couteau (나 보여 줄게 칼을 갈아 왔던 만큼) », le groupe s'est écrié qu'il aiguisait son couteau (칼을 갈아 왔다), mais il allait ensuite connaître tant de souffrances et de larmes. Finalement, tout comme la lame d'un couteau s'émousse au fil du temps, sa détermination pourtant si forte s'est affaiblie petit à petit.

♬

호기롭다 être courageux(se)
첫 premier(ère)
싸움 combat, bataille
무뎌지다 s'émousser
칼날 lame

We are bullet bullet bulletproof
We are bullet bullet bulletproof
부정적인 시선에 맞서 우린 해냈구
Face aux regards négatifs, nous avons réussi
나쁜 기억도 많은 시련도
De mauvais souvenirs, de nombreuses épreuves
다 호기롭게 우린 막아 냈지 bulletproof
Nous les avons tous bloqués avec bravoure bulletproof

나쁜 기억도 많은 시련도
De mauvais souvenirs, de nombreuses épreuves
다 호기롭게 우린 막아 냈지 bulletproof
Nous les avons tous bloqués avec bravoure bulletproof

호기롭다 peut se rapporter au fait de se comporter comme un frimeur, mais aussi à l'attitude très courageuse qu'aurait un héros. Cela dépend du contexte.
Les BTS ont commencé par lancer leur combat contre le monde en criant leur message (les paroles précédentes : « 우린 호기롭게 shout »), mais ils ont dû faire face à de nombreuses épreuves inattendues. Toutefois, en se tenant la main, ils ont su se défendre courageusement, afin de se montrer dignes de leur nom 방탄 (*bulletproof*) face aux regards négatifs (부정적인 시선), pareils à des balles, aux mauvais souvenirs et à toutes les difficultés qui en ont découlé.

RAPPEZ COMME BTS !

We are bullet bullet bullet**proof** / 부정적인 시선에 맞서 우린 해냈**구**
해냈구 (*hae-naet-**gu***) s'écrit normalement 해냈고 (*hae-naet-**go***), mais à l'oral, on prononce parfois « -구 » au lieu de « -고 ». Ici, en allongeant la prononciation de « *proo* » du mot anglais *bulletproof* et celle de « -구 (*gu*) » du coréen 해냈구, on forme une rime douce.

부정적인 négatif(ve)
시선 regard
맞서다 faire face à
해내다 réussir
나쁘다 être mauvais(e)
기억 souvenirs
많다 beaucoup
시련 épreuves

늘 생각해
Je pense toujours
아직 꿈속인 건 아닐까
Suis-je encore en train de rêver ?
길었던 겨울
Après ce long hiver
끝에 온 게 진짜 봄일까
Est-ce vraiment le printemps qui est arrivé ?
모두 비웃던
Ridiculisé par tous
한땐 부끄럽던 이름
Notre nom autrefois embarrassant
이건 쇠로 된 증명
Est désormais une preuve en acier
"Bullet-proof."
« Bullet-proof. »

쇠로 된 증명 (preuve aussi solide que l'acier) est mon couplet préféré. Il peut s'agir là de l'acier d'un trophée ou celui d'une balle. Mais en fait, je peux dire que notre nom même est une preuve (증명, proof*) aussi solide que l'acier (쇠,* bullet*). Désormais, quand j'écouterai cette chanson, je me souviendrai de l'époque à laquelle nous l'avons écrite, et ça me touchera toujours en plein cœur.*

길었**던** 겨울
Après ce long hiver
끝에 온 게 진짜 봄일까
Est-ce vraiment le printemps qui est arrivé ?
모두 비웃**던**
Ridiculisé par tous
한땐 부끄럽**던** 이름
Notre nom autrefois embarrassant

-던 est une conjonction utilisée pour évoquer, sur le mode du souvenir, quelque chose qui est passé. 길었던 fait référence à un long hiver du passé, 비웃던 se rapporte au moment où tout le monde se moquait du nom du groupe 방탄 (*bulletproof*) et 부끄럽던, à la honte qu'ils ressentaient à propos de leur nom, à l'époque.
Les BTS ont également l'impression que leur situation actuelle est un rêve (늘 생각해 아직 꿈속인 건 아닐까). En se remémorant leur passé, ils se demandent si le temps des épreuves, pareil à un long hiver (겨울), est vraiment révolu, pour un jour laisser place aux moments de bonheur comme le printemps (봄). Toutefois, quand ils repensent à leur nom 방탄 (*bulletproof*), celui dont tout le monde s'est moqué et dont ils ont eu honte pendant un temps, ils se disent aujourd'hui qu'ils ont prouvé par eux-mêmes qu'ils avaient raison de ne pas douter de sa valeur symbolique (쇠로 된 증명).

♬
꿈속 dans un rêve
길다 long
비웃다 se moquer
한때 pendant un temps
부끄럽다 avoir honte
이름 nom
이것 ceci
쇠 acier
증명 preuve

Oh oh
Oh oh

다신 멈추지 않을래
Plus jamais je ne m'arrêterai

여기 우리가 함께이기에
Car nous sommes ici ensemble

Tell me your every story
Tell me your every story

Tell me why you don't stop this
Tell me why you don't stop this

Tell me why you still walkin'
Tell me why you still walkin'

Walkin' with us
Walkin' with us

(Yeah we got to heaven)
(Yeah we got to heaven)

다신 멈추지 않을래
Plus jamais je ne m'arrêterai

여기 우리가 함께이기에
Car nous sommes ici ensemble

-(으)ㄹ래 est utilisé quand un locuteur exprime son intention de faire quelque chose.

Exemple 어떤 시련이 있어도 언제나 함께**할래**.
Quoi qu'il arrive, je serai toujours avec toi.

Dans cette partie, les BTS montrent leur détermination à ne plus jamais s'arrêter parce que « nous sommes ensemble ». Puis ils *te* (ARMY) demandent de leur raconter ton histoire et pourquoi tu continues à avancer et à marcher avec « nous, BTS ».

(Yeah we have you have you)
Yeah we are not seven, with you
Yeah we are not seven, with you

Yeah we are not seven
With you

Nous sommes devenus plus forts
et plus solides au cours de ces sept années.
Nous pensons que les BTS d'aujourd'hui n'existeraient pas sans ARMY. Nous vous remercions.

PROFITEZ DU CLIP VIDÉO

C'est dans le cadre de la célébration du *FESTA 2020 qu'une vidéo musicale animée de cette chanson a été créée. Vous y trouverez partout des images du passé et du présent des BTS ainsi que des scènes des clips précédents.

* FESTA (페스타) : événement au cours duquel BTS présente divers contenus, le 13 juin de chaque année, pour ARMY, en célébration de l'anniversaire de ses débuts.

AU CONCERT

CHANTER ENSEMBLE ET FAIRE LES *FAN-CHANTS*

떼창 (*tte-chang*) signifie « chanter en chœur » et désigne plus précisément le fait que le public chante des parties de la chanson qui lui sont attribuées. Par exemple, quand BTS chante « Magic Shop », ARMY chante la partie « So show me (I'll show you) » et pour la chanson « 소우주 (Mikrokosmos) », ARMY chante la partie « Na na na na na na » en chœur. Lors de ces moments, il faut chanter aussi fort que possible. Pour les chansons de BTS ayant un *fan-chant* officiel, vous pouvez aussi crier le *fan-chant* pour apprécier davantage le spectacle.

여러분들이 저희 노래를 들으면서 위로를 받듯이, 저희도 여러분들이 불러 주는 노래와 함성에 위로를 받아요.
아미 분들이 떼창하는 영상을 모아서 본 적이 있는데 정말 큰 위로가 되더라고요.

Tout comme vous êtes réconfortés par nos chansons, il en est de même pour nous, grâce à vos *fan-chants* et vos acclamations. J'ai vu une série de vidéos où vous, les ARMY, chantez ensemble, et ça m'a vraiment mis du baume au cœur.

ORDRE D'ACCLAMATION

김남준 → 김석진 → 민윤기 → 정호석

→ 박지민 → 김태형 → 전정국 → 비티에스 (BTS)

Criez les vrais noms des membres dans l'ordre ci-dessus.

Lors des concerts de BTS, vous devez bien mémoriser le moment auquel commence le *fan-chant* des noms pour chaque chanson. Vous devez aussi vous entraîner pour commencer au bon moment. Veillez à ne pas manquer, du fait d'une trop grande excitation lors de leur apparition sur la scène, le nom des membres figurant au tout début de la liste.

Vous pouvez chanter lentement le *fan-chant* des noms dans les chansons telles que « Life Goes On » ou « 봄날 (Spring Day) ». Pour celles comme « IDOL », vous le répétez deux fois tandis que pour celles telles que « 불타오르네 (FIRE) », vous ne le chantez pas du tout. Voir chaque chapitre pour en savoir plus sur les *fan-chants*.

AU CONCERT

VAGUES D'ARMY BOMBS AUX CONCERTS

역시 우리 아미는 파도타기로 최고예요.

Comme il fallait s'y attendre, nos ARMY sont les meilleurs pour les vagues !

Lors des concerts de BTS, vous pouvez voir les vagues des ARMY BOMBs. 파도타기 (*padotagi* ; *audience wave*, ou ola) fait référence à un type d'acclamation du public qui se met debout en levant les mains et se rassoit, d'un côté à l'autre. Ce mouvement collectif ressemble à une vague, d'où cette appellation.

Comme vous ne pouvez pas faire de ola tout seul, il est important de coopérer avec les ARMY qui vous entourent. Assurez-vous de regarder où la vague commence. Attendez en baissant votre ARMY BOMB et quand c'est votre tour, levez-la énergiquement très haut au-dessus de votre tête.

Les vagues ne se forment pas forcément de gauche à droite, mais aussi de haut en bas et vice versa. L'ensemble des vagues d'ARMY BOMBs créées par tout le monde dans un stade gigantesque est lui-même un spectacle magistral. Vous pouvez également avoir le sentiment de ne faire qu'un avec les ARMY rassemblés là. Les BTS adorent voir ces vagues pendant leurs concerts.

APPAIRAGE DES ARMY BOMBS

Pour faire les vagues lors des concerts de BTS, vous devez avoir une ARMY BOMB. Elle s'illumine dès que vous l'allumez, mais si vous l'appairez avec un Smartphone, elle change de couleur en fonction de la chanson jouée sur le moment. Vous pouvez alors apprécier la performance de façon encore plus dynamique.

CONSEILS POUR APPAIRER LES LIGHT STICKS OFFICIELS (ARMY BOMB) à votre Smartphone.

1 Installez l'application BTS OFFICIAL LIGHT STICK sur votre Smartphone.

2 Faites glisser l'interrupteur vers le bas pour lancer l'appairage Bluetooth.

3 Une fois l'appairage terminé, faites glisser l'interrupteur vers le haut pour mettre le bâton lumineux en mode concert.

4 Si vous n'y arrivez pas après avoir suivi les étapes 1 à 3 ci-dessus, rendez-vous à une cabine d'appairage sur le lieu du concert et demandez de l'aide à un membre du personnel.

Conseil supplémentaire :

Veillez à emporter des piles AAA de la même marque car elles risquent de s'épuiser pendant le concert.

아미~

여기야 여기!

ARMY !

Ici, par ici !

PARTIE 4

CLÔTURE

MERCI ET À LA PROCHAINE, ARMY !

CHAPITRE 8

소우주 (Mikrokosmos)

MAP OF THE SOUL : PERSONA

TRACKLIST

1 Intro : Persona
2 작은 것들을 위한 시 (Boy With Luv) (Feat. Halsey) ◂ CHAPITRE 1
3 **소우주 (Mikrokosmos)**
4 Make It Right
5 HOME
6 Jamais Vu
7 Dionysus

MAP OF THE SOUL : PERSONA (2019) est un album où BTS révèle son intérêt pour le monde et sa joie procurée par l'amour reçu. L'une de ses pistes est « 소우주 (Mikrokosmos) », une chanson pop-rock basée sur un son new wave en trois quarts de temps, ce qui est une première pour une chanson de BTS. Elle donne du courage et réconforte, en posant un regard chaleureux sur chacun et chacune, individuellement.

À PROPOS DE LA CHANSON

#Ma_chanson_n°1
#Chanson_pour_dormir
#À_écouter_sur_le_chemin_vers_la_maison

'소우주 (Mikrokosmos)'는 콘서트에서 아미들과 즐기기에 딱 좋은 신나는 곡이에요.
들을 때마다 가슴에 화살이 꽂히는 듯한 느낌이 있고, 사람의 마음을 움직이는 힘이 있는 것 같아
제가 가장 좋아하는 노래죠. 콘서트에서 주로 마지막에 부르는 노래인데, 항상 이 노래가 기억에 남는 것 같아요.

« 소우주 (Mikrokosmos) » est une chanson entraînante, parfaite pour passer un bon moment avec les ARMY en concert. C'est ma chanson préférée, car chaque fois que je l'entends c'est comme si une flèche me transperçait le cœur, et elle semble avoir le pouvoir de prendre les gens aux tripes. Nous la chantons souvent à la fin des concerts. Elle restera toujours gravée dans ma mémoire.

이 노래는 밤과 야경, 그리고 별빛에 대해 이야기하고 있어 밤에 듣기에 정말 좋아요.

Cette chanson est vraiment agréable à écouter le soir, car elle parle de la nuit, du paysage nocturne et de la lumière des étoiles.

농담이긴 하지만, 이 노래 제목은 발음을 조심해야 해요! '소주'가 아니라 '소우주'예요!

Je plaisante, mais il faut faire attention à la prononciation du titre de cette chanson ! Ce n'est pas « *so-ju* (une boisson alcoolisée) » mais « *so-u-ju* (microcosme) » !

소우주 (Mikrokosmos)

반짝이는 별빛들
ban-jja-gi-neun byeol-bbit-deul

깜빡이는 불 켜진 건물
kkam-ppa-gi-neun bul kyeo-jin geon-mul

우린 빛나고 있네
u-rin bin-na-go in-ne

각자의 방 각자의 별에서
gak-ja-ui bang gak-ja-ui byeo-re-seo

어떤 빛은 야망
eo-tteon bi-cheun ya-mang

어떤 빛은 방황
eo-tteon bi-cheun bang-hwang

사람들의 불빛들
sa-ram-deu-rui bul-bbit-deul

❶ 모두 소중한 하나
mo-du so-jung-han ha-na

어두운 밤 (외로워 마)
eo-du-un bam (oe-ro-weo ma)

별처럼 다 (우린 빛나)
byeol-cheo-reom da (u-rin bin-na)

사라지지 마 큰 존재니까
sa-ra-ji-ji ma keun jon-jae-ni-kka

Let us shine
Let us shine

어쩜 이 밤의 표정이 이토록 또 아름다운 건
eo-jjeom i ba-mui pyo-jeong-i i-to-rok tto a-reum-da-un geon

저 별들도 불빛도 아닌 우리 때문일 거야
jeo byeol-deul-do bul-bbit-do a-nin u-ri ttae-mu-nil kkeo-ya

Section 1

You got me
You got me

난 너를 보며 꿈을 꿔
nan neo-reul bo-myeo kku-meul kkweo

I got you
I got you

칠흑 같던 밤들 속
chil-heuk gat-deon bam-deul sok

서로가 본 서로의 빛
seo-ro-ga bon seo-ro-ui bit

같은 말을 하고 있었던 거야 우린
ga-teun ma-reul ha-go i-sseot-deon geo-ya u-rin

Section 2

가장 깊은 밤에 더 빛나는 별빛
ga-jang gi-peun ba-me deo bin-na-neun byeol-bbit

가장 깊은 밤에 더 빛나는 별빛
ga-jang gi-peun ba-me deo bin-na-neun byeol-bbit

밤이 깊을수록 더 빛나는 별빛
ba-mi gi-peul-ssu-rok deo bin-na-neun byeol-bbit

한 사람에 하나의 역사
han sa-ra-me ha-na-ui yeok-sa

한 사람에 하나의 별
han sa-ra-me ha-na-ui byeol

70억 개의 빛으로 빛나는
chil-sshi-beok gae-ui bi-cheu-ro bin-na-neun

70억 가지의 world
chil-sshi-beok ga-ji-ui world

Conseils pour bien chanter au concert

❶ Quand on chante, 모두 (*mo-du*) se prononce comme une seule syllabe.

70억 가지의 삶 도시의 야경은
chil-sshi-beok ga-ji-ui sam do-shi-ui ya-gyeong-eun

어쩌면 또 다른 도시의 밤
eo-jjeo-myeon tto da-reun do-shi-ui bam

각자만의 꿈 Let us shine
gak-ja-ma-nui kkum Let us shine

넌 누구보다 밝게 빛나
neon nu-gu-bo-da bal-kke bin-na

One
One

어쩜 이 밤의 표정이 이토록 또 아름다운 건
eo-jjeom i ba-mui pyo-jeong-i i-to-rok tto a-reum-da-un geon

저 어둠도 달빛도 아닌 우리 때문일 거야
jeo eo-dum-do dal-bbit-do a-nin u-ri ttae-mu-nil kkeo-ya

Répétez Section 1-2

도시의 불, 이 도시의 별
do-shi-ui bul, i do-shi-ui byeol

어릴 적 올려 본 밤하늘을 난 떠올려
eo-ril jjeok ol-lyeo bon bam-ha-neu-reul nan tteo-ol-lyeo

사람이란 불, ❶사람이란 별로
sa-ra-mi-ran bul, sa-ra-mi-ran byeol-lo

가득한 바로 이곳에서
ga-deu-kan ba-ro i-go-se-seo

We shinin'
We shinin'

You got me
You got me

난 너를 보며 숨을 쉬어
nan neo-reul bo-myeo su-meul shwi-eo

I got you
I got you

칠흑 같던 밤들 속에
chil-heuk gat-deon bam-deul so-ge

Shine, dream, smile
Shine, dream, smile

Oh let us light up the night
Oh let us light up the night

우린 우리대로 빛나
u-rin u-ri-dae-ro bin-na

Shine, dream, smile
Shine, dream, smile

Oh let us light up the night
Oh let us light up the night

우리 그 자체로 빛나 Tonight
u-ri geu ja-che-ro bin-na Tonight

Na na na na na na Na na na na na na na

Na na na na na na Na na na na na na na na

Na na na na na na Na na na na na na na

Na na na na na na Na na na na na na na na

❶ Chantez en faisant une pause devant 로 (*ro*), en coupant ainsi : 사람이란 별 / **로** (*sa-ra-mi-ran byeol* / ***ro***), puis liez avec la partie suivante : 가득한 바로 이곳에서.

반짝이는 별빛들
Les étoiles scintillent
깜빡이는 불 켜진 건물
Les bâtiments avec leurs lumières clignotantes
우린 빛나고 있네
Nous brillons
각자의 방 각자의 별에서
Chacun depuis notre chambre, chacun depuis notre étoile

반짝이는 별빛들
Les étoiles scintillent
깜빡이는 불 켜진 건물
Les bâtiments avec leurs lumières clignotantes
우린 빛나**고 있**네
Nous brillons

반짝이다 décrit le phénomène de la lumière qui brille à intervalles très courts et **깜빡이다**, celui de la lumière qui s'allume et s'éteint par intermittence. Pour accentuer ces deux phénomènes, on peut exprimer chacun par **반짝반짝** (scintillement) et **깜빡깜빡** (clignotement) en répétant le mot deux fois. -고 있다 dans 빛나고 있네 indique que l'action est en cours.

Exemple 하늘에서 별이 **반짝반짝** 빛나**고 있**어요.
Les étoiles scintillent dans le ciel.

방탄소년단
@BTS_twt

Young Forever 듣**고 있**어요.
... 사랑해요 ㅎㅎ 진심을 다 담아서.

J'écoute Young Forever.
... Je t'aime, ahah, de tout mon cœur.
#Jimin

C'est une nuit où les étoiles scintillent dans le ciel et où les lumières des bâtiments de la ville clignotent. Nous étincelons nous aussi dans chacune de nos chambres, pareilles à des étoiles (각자의 방 각자의 별에서).

반짝이다 scintiller, briller
별빛 lumière des étoiles
깜빡이다 clignoter
불 feu, lumière
켜지다 allumer
건물 immeuble
빛나다 briller
각자 chaque
방 chambre

반짝반짝 scintillement

진심을 담다 de tout mon cœur

어떤 빛은 야망
Certaines lumières sont ambition

어떤 빛은 방황
Certaines sont errance

사람들의 불빛들
Les lumières des gens

모두 소중한 하나
Sont toutes précieuses

어두운 밤 (외로워 마)
La nuit est sombre (tu n'es pas seul(e))

별처럼 다 (우린 빛나)
Tous comme des étoiles (nous brillons)

사라지지 마
Ne disparais pas

큰 존재니까
Car ton existence est importante

Let us shine
Let us shine

사람들의 불빛들 모두 소중한 하나 ...
Les lumières des gens Sont toutes précieuses [...]

사라지지 마 큰 존재**니까**
Ne disparais pas Car ton existence est importante

_(이)니까 est une terminaison visant généralement à expliquer la raison pour laquelle vous faites une suggestion ou demandez une faveur.

Exemple 우리는 모두 소중한 사람들**이니까** 외로워하지 마.
Vous n'êtes pas seuls, nous sommes tous des personnes précieuses.

Dans cette partie, les rêves et l'état d'esprit des gens sont comparés à la lumière (빛). Certaines personnes vivent avec des ambitions (어떤 빛은 야망), tandis que d'autres sont perdues (어떤 빛은 방황). Mais BTS dit que, quelle que soit la lumière qui caractérise ces personnes, toutes sont précieuses. Ils nous consolent aussi en nous disant que nous ne devons pas nous sentir seuls, même au plus profond des nuits les plus sombres (어두운 밤 외로워 마), ni nous éteindre ou disparaître, car nous sommes tous des êtres importants, qui brillent comme des étoiles (별처럼 다 우린 빛나).

RAPPEZ COMME BTS !

어두운 **밤** (외로워 **마**) / 별처럼 **다** (우린 빛**나**) / 사라지**지 마** / 큰 존재**니까**
C'est le morceau où les membres de BTS chantent et rappent tour à tour. Chacune de leurs phrases se termine par la même voyelle ㅏ (*a*). Ils utilisent le verbe -지 마 (*ji ma*) pour dire ne pas faire quelque chose et la terminaison _(이)니까 (*(i)-ni-kka*) pour expliquer la cause de quelque chose, ce qui crée une rime.

야망 ambition
방황 errance
불빛 lumière
어둡다 sombre
밤 nuit
외롭다 être seul(e)
크다 grand(e)
존재 existence

외로워하다 se sentir seul(e)

어쩜 이 밤의 표정이 이토록 또 아름다운 건
Si l'expression de cette nuit est si belle

저 별들도 불빛도 아닌 우리 때문일 거야
Ce n'est sans doute pas grâce à ces étoiles ni ces lumières, mais grâce à nous

어쩜 이 밤의 표정이 이토록 또 아름다운 **건**
Si l'expression de cette nuit est si belle

… 우리 **때문일 거야**
[…] mais grâce à nous

Dans cette partie, BTS souligne la beauté de la nuit en disant que la nuit (밤) affiche une expression (표정), comme si elle était un visage humain. En utilisant la phrase « … 건 … 때문일 거야 » qui vient de (-기) 때문에 signifiant « à cause de quelque chose », il révèle son hypothèse sur la raison de la beauté de la nuit.
On dit souvent que le ciel nocturne est beau quand il y a beaucoup d'étoiles, et que la vue nocturne d'une ville est belle parce que des immeubles illuminés s'alignent dans les rues. Or, BTS dit dans cette chanson que si la nuit est si belle, ce n'est sans doute pas à cause de choses extérieures comme les étoiles ou les lumières de la ville, mais en vertu de notre propre existence.

방탄소년단
@BTS_twt

우리가 밝게 웃을 수 있는 **건** 아미가 우리를 행복하게 만들어 줬**기 때문** ♥

Si nous arrivons à sourire de façon si radieuse, c'est parce qu'ARMY nous rend heureux ♥

어쩜 peut-être (hypothèse)
표정 expression
이토록 tellement, si

밝다 lumineux(se), éclairé(e)

You got me
You got me

원래 이 파트가 시작하기 직전에 'Hey!'라고 외치는 가사를 넣으려고 했었는데, 깜빡한 게 아직도 많이 아쉬워요.
J'avais l'intention d'insérer le cri « Hey ! » avant le début de cette partie, et je m'en veux encore de l'avoir oublié.

난 너를 보며 꿈을 꿔
Je rêve en te regardant

I got you
I got you

칠흑 같던 밤들 속
Au cœur des nuits obscures

서로가 본 서로의 빛
Nous avons vu la lumière de chacun

같은 말을 하고 있었던 거야 우린
Nous parlions le même langage

Nous pensons que ce refrain est la partie où vous, les ARMY, et nous, ne faisons qu'un en chantant ensemble, c'est-à-dire que vous, les ARMY, vous devenez nous, tandis que nous, nous devenons vous.

칠흑 같던 밤들 속 ...
Au cœur des nuits obscures [...]

같은 말을 하고 있었던 거야 우린
Nous parlions le même langage

칠흑 est une couleur noire très foncée. L'expression 칠흑 같다 s'emploie généralement pour décrire une nuit très sombre.
En se remémorant leurs nuits très sombres du passé, les BTS se souviennent des lumières que chacun a vues chez les autres à l'époque et ils comprennent qu'ils ressentaient tous la même chose (같은 말을 하고 있었던 거야 우린).

♬
꿈을 꾸다 rêver
칠흑 très sombre
같다 être semblable, le même

가장 깊은 밤에 더 빛나는 별빛
Dans la nuit la plus sombre, les étoiles brillent plus fort

가장 깊은 밤에 더 빛나는 별빛
Dans la nuit la plus sombre, les étoiles brillent plus fort

밤이 깊을수록 더 빛나는 별빛
Plus la nuit est profonde, plus les étoiles brillent

밤이 깊**을수록 더** 빛나는 별빛

Plus la nuit est profonde, plus les étoiles brillent

-(이)ㄹ수록 더 … signifie qu'au fur et à mesure que la partie précédente progresse, la suivante évolue aussi. Ces paroles veulent donc dire que plus la nuit s'épaissit, plus les étoiles brillent.

Exemple 어두울**수록** 별빛이 **더** 잘 보여요.
Plus il fait sombre, mieux on voit les étoiles.

Il est plus facile de voir les étoiles quand le ciel est noir, du fait de l'absence de lumières artificielles autour. BTS chante que dans une nuit aussi obscure et profonde, qui ne cesse de s'assombrir, les étoiles brillent de plus en plus.

깊다 profond

한 사람에 하나의 역사
Une histoire pour une personne

한 사람에 하나의 별
Une étoile pour une personne

70억 개의 빛으로 빛나는
Sept milliards de lumières qui brillent

70억 가지의 world
Sept milliards de world différents

70억 가지의 삶 도시의 야경은
Sept milliards de vies, le paysage nocturne d'une ville

어쩌면 또 다른 도시의 밤
Est peut-être la nuit d'une autre ville

각자만의 꿈 Let us shine
Chacun son rêve, Let us shine

넌 누구보다 밝게 빛나
Tu brilles plus que quiconque

One
One

어쩜 이 밤의 표정이 이토록 또 아름다운 건
Si l'expression de cette nuit est si belle

저 어둠도 달빛도 아닌 우리 때문일 거야
Ce n'est sans doute pas grâce à cette obscurité ni ce clair de lune, mais grâce à nous

1절과 가사가 아주 비슷하지만 '별들'과 '불빛'이 '어둠'과 '달빛'으로 바뀌었어요.
Ces paroles sont très similaires à celles du premier couplet, mais les étoiles (별들) et les lumières (불빛) sont remplacées par l'obscurité (어둠) et le clair de lune (달빛). (Voir page 134.)

70억 개의 빛으로 빛나는
Sept milliards de lumières qui brillent

70억 가지의 world
Sept milliards de world différents

Le mot 가지 est utilisé pour catégoriser les choses en fonction de leurs particularités ou de leurs caractéristiques. Ainsi, lorsque BTS parle de 70억 가지의 *world*, cela signifie qu'il existe sept milliards de mondes et chacun d'entre eux a des particularités ou des caractéristiques différentes.

BTS dit que chacun a sa propre histoire (한 사람에 하나의 역사) et sa propre étoile (한 사람에 하나의 별) et que chacune des sept milliards de personnes présentes sur Terre est une lumière et a ses caractéristiques uniques. Leurs « mondes 세계 » et leurs « vies 삶 » sont tous différents, et chacune a ses propres « rêves 꿈 ». *Toi* (ARMY), qui est l'une d'entre elles, étant aussi un microcosme, on peut dire que tu brilles plus fort que n'importe qui (넌 누구보다 밝게 빛나).

역사 histoire
억 cent millions
개 suffixe du nombre
가지 suffixe pour catégoriser
도시 ville
야경 vue nocturne
어쩌면 peut-être, sans doute
누구 n'importe qui, quiconque

두시의 불, 이 도시의 별
Les lumières de la ville, les étoiles de cette ville

어릴 적 올려 본 밤하늘을 난 떠올려
Me rappellent le ciel nocturne que je regardais dans mon enfance

사람이란 불, 사람이란 별로
Les gens sont des lumières, les gens sont des étoiles

가득한 바로 이곳에서
Qui remplissent cet endroit même

We shinin'
We shinin'

J'ai écrit cette chanson en imaginant les différentes parties du corps humain qui, connectées les unes aux autres telles des constellations, étincellent... C'est mon passage préféré de cette chanson.

어릴 적 올려 본 밤하늘을 난 떠올려

Me rappellent le ciel nocturne que je regardais dans mon enfance

어릴 적 fait référence à « quand j'étais enfant ». 올려 보다 signifie « regarder vers le haut ». 떠올리다 veut dire « faire remonter un souvenir ». Ces deux derniers mots viennent du verbe 올리다 : lever quelque chose. Surtout le verbe 떠올리다, qui est associé au fait d'extirper de vieux souvenirs du fond de son inconscient. Dans cette partie de la chanson, qui ralentit un peu, les BTS, en voyant le paysage qu'offre la ville la nuit (도시의 불, 이 도시의 별), se rappellent le ciel nocturne de leur enfance. En se souvenant des moments où ils levaient les yeux sur le ciel rempli d'étoiles, ils répètent encore une fois que face à ce paysage nocturne de la ville qui brille de tous ses feux, nous sommes nous aussi des êtres brillants comme les lumières de la ville et les étoiles dans le firmament (사람이란 불, 사람이란 별로 가득한 바로 이곳에서 We shinin').

♬

어리다 jeune
올리다 lever
밤하늘 ciel nocturne
떠올리다 se rappeler
가득하다 plein(e) de
바로 juste, directement

You got me
You got me

난 너를 보며 숨을 쉬어
Je respire en te regardant

1절, 2절 가사 '꿈을 꿔'에서 '숨을 쉬어'로 바뀌었어요. 발음도 비슷해요!

Ce qui est « 꿈을 꿔 (fais des rêves) » dans les couplets 1 et 2, est remplacé par « 숨을 쉬어 (respire) ». Leur terminaison se prononce de façon similaire. (Voir page 135.)

I got you
I got you

칠흑 같던 밤들 속에
Dans ces nuits obscures

Shine, dream, smile
Shine, dream, smile

Oh let us light up the night
Oh let us light up the night

우린 우리대로 빛나
Nous brillons à notre manière

Shine, dream, smile
Shine, dream, smile

Oh let us light up the night
Oh let us light up the night

우리 그 자체로 빛나
Nous brillons par nous-mêmes

Tonight
Tonight

Na na na na na na
Na na na na na na na
Na na na na na na
Na na na na na na na na

Na na na na na na
Na na na na na na na
Na na na na na na
Na na na na na na na na

우리 그 자체로 빛나

Nous brillons par nous-mêmes

그 자체로 signifie « par soi-même », sans aide extérieure. Tout comme les étoiles dans le ciel nocturne brillent d'elles-mêmes, nous aussi, nous brillons, chacun à notre façon (우린 우리대로 빛나). À travers cette chanson, BTS dit que nous sommes tous des êtres précieux qui brillons par nous-mêmes, indépendamment de quoi que ce soit d'extérieur. Ainsi, le groupe chante : Brillons à notre guise (let us light up the night).

소우주 était le thème du MUSTER 2021. Sur la scène remplie de planètes, BTS et ARMY se sont bien éclatés, en ligne.

♬
_대로 à notre façon
자체 par soi-même

CHAPITRE 9

봄날 (Spring Day)

YOU NEVER WALK ALONE

TRACKLIST

1 Intro : Boy Meets Evil
2 피 땀 눈물
3 Begin
4 Lie
5 Stigma
6 First Love
7 Reflection
8 MAMA
9 Awake
10 Lost
11 BTS Cypher 4
12 Am I Wrong
13 21세기 소녀
14 둘! 셋! (그래도 좋은 날이 더 많기를)
15 봄날
16 Not Today
17 Outro : Wings
18 A Supplementary Story : You Never Walk Alone

YOU NEVER WALK ALONE (2017) est un repackage de l'album *WINGS*. Il transmet un message de réconfort et d'espoir aux jeunes en difficulté : « Tant que nous sommes ensemble, nous surmonterons tout, quelles que soient les épreuves et quels que soient les moments sombres. » « 봄날 (Spring Day) », le titre phare de cet album, est une chanson hip-hop alternatif résultant d'un mélange entre sensibilités Brit Rock et sons électroniques, accompagnée d'une mélodie populaire. Elle transmet la détermination à garder espoir en attendant de retrouver les amis qui se sont éloignés.

À PROPOS DE LA CHANSON

#Grand_public
#Ma_chanson_n°1
#Chanson_recommandée_pour_les_non-ARMY

저와 RM이 특히 이 곡의 작사, 작곡에 적극적으로 참여했어요. 가사에는 저와 RM의 개인적인 경험담도 담겨 있죠.

RM et moi surtout avons participé activement à l'écriture et à la composition de cette chanson. Les paroles contiennent donc nos anecdotes personnelles.

'봄날'은 저희의 따뜻한 감성을 느낄 수 있는 곡으로, 무대에서 제가 엔딩을 맡기도 해서 더욱 의미 있는 노래예요. 이 노래를 들으면서 여러분은 누군가의 옆에 있는 사람이고, 여러분이 함께함으로써 누군가는 위로를 받고 행복을 느낀다는 것을 알아 주셨으면 좋겠어요.

« 봄날 (Spring Day) » est une chanson qui transmet nos sentiments chaleureux et comme c'est moi qui chante la fin sur scène, elle a plus de sens pour moi. J'aimerais qu'en écoutant cette chanson, vous preniez conscience du fait que votre présence aux côtés de quelqu'un le réconforte et le rend heureux.

봄날 (Spring Day)

00:09~

김남준! 김석진! 민윤기! 정호석!

박지민! 김태형! 전정국! BTS!

보고 싶다 이렇게 말하니까 더 보고 싶다
bo-go ship-da i-reo-ke mal-ha-ni-kka deo bo-go ship-da

너희 사진을 보고 있어도 보고 싶다
neo-hi sa-ji-neul bo-go i-sseo-do bo-go ship-da

너무 야속한 시간 나는 우리가 밉다
neo-mu ya-so-kan shi-gan na-neun u-ri-ga mip-da

이젠 얼굴 한번 보는 것조차 힘들어진 우리가
i-jen eol-gul han-beon bo-neun geot-jo-cha him-deu-reo-jin u-ri-ga

여긴 온통 [1]겨울뿐이야 8월에도 겨울이 와
yeo-gin on-tong gyeo-ul-ppu-ni-ya pa-rweo-re-do gyeo-u-ri wa

마음은 시간을 달려가네 홀로 남은 설국열차
ma-eu-meun shi-ga-neul dal-lyeo-ga-ne hol-lo na-meun seol-gung-nyeol-cha

니 손 잡고 지구 반대편까지 가 이 겨울을 끝내고파
ni son jap-go ji-gu ban-dae-pyeon-kka-ji ga i gyeo-u-reul kkeun-nae-go-pa

그리움들이 얼마나 눈처럼 내려야 그 봄날이 올까
geu-ri-um-deu-ri eol-ma-na nun-cheo-reom nae-ryeo-ya geu bom-na-ri ol-kka

Friend
Friend

허공을 떠도는 [2]작은 먼지처럼 [2]작은 먼지처럼
heo-gong-eul tteo-do-neun ja-geun meon-ji-cheo-reom ja-geun meon-ji-cheo-reom

날리는 눈이 나라면 조금 더 빨리 네게 닿을 수 있을 텐데
nal-li-neun nu-ni na-ra-myeon jo-geum deo ppal-li ne-ge da-eul ssu i-sseul ten-de

Section 1

눈꽃이 떨어져요
nun-kko-chi tteo-reo-jeo-yo

또 조금씩 멀어져요
tto jo-geum-sshik meo-reo-jeo-yo

보고 싶다 (보고 싶다)
bo-go ship-da (bo-go ship-da)

보고 싶다 (보고 싶다)
bo-go ship-da (bo-go ship-da)

얼마나 기다려야
eol-ma-na gi-da-ryeo-ya

또 몇 밤을 더 새워야
tto myeot ba-meul deo sae-weo-ya

널 보게 될까 (널 보게 될까)
neol bo-ge doel-kka (neol bo-ge doel-kka)

만나게 될까 (만나게 될까)
man-na-ge doel-kka (man-na-ge doel-kka)

Section 2

추운 겨울 끝을 지나 다시 봄날이 올 때까지
chu-un gyeo-ul kkeu-teul ji-na da-shi bom-na-ri ol ttae-kka-ji

꽃 피울 때까지 그곳에 좀 더 머물러 줘
kkot pi-ul ttae-kka-ji geu-go-se jom deo meo-mul-leo jweo

머물러 줘
meo-mul-leo jweo

Conseils pour bien chanter au concert

[1] 이 (*i*) étant à peine prononcé, on entend « 뿌냐 (*ppu-nya*) ».

[2] Le premier 작은 (*ja-geun*) est prononcé de manière coupée, et pour le deuxième 작은, 은 est prononcé faiblement.

니가 변한 건지 (니가 변한 건지)
ni-ga byeon-han geon-ji (ni-ga byeon-han geon-ji)

아니면 내가 변한 건지 (내가 변한 건지)
a-ni-myeon nae-ga byeon-han geon-ji (nae-ga byeon-han geon-ji)

이 순간 흐르는 시간조차 미워
i sun-gan heu-reu-neun shi-gan-jo-cha mi-weo

우리가 변한 거지 뭐 모두가 그런 거지 뭐
u-ri-ga byeon-han geo-ji mweo mo-du-ga geu-reon geo-ji mweo

그래 밉다 니가 넌 떠났지만
geu-rae mip-da ni-ga neon tteo-nat-ji-man

단 하루도 너를 잊은 적이 없었지 난
dan ha-ru-do neo-reul i-jeun jeo-gi eop-seot-ji nan

솔직히 보고 싶은데 이만 너를 지울게
sol-jji-ki bo-go shi-peun-de i-man neo-reul ji-ul-kke

그게 널 원망하기보단 덜 아프니까
geu-ge neol weon-mang-ha-gi-bo-dan deol a-peu-ni-kka

시린 널 불어 내 본다 연기처럼 하얀 연기처럼
shi-rin neol bu-reo nae bon-da yeon-gi-cheo-reom ha-yan yeon-gi-cheo-reom

말로는 지운다 해도 사실 난 아직 널 보내지 못하는데
mal-lo-neun ji-un-da hae-do sa-shil nan a-jik neol bo-nae-ji mo-ta-neun-de

Répétez Section 1

You know it all
You know it all

You're my best friend
You're my best friend

아침은 다시 올 거야
a-chi-meun da-shi ol kkeo-ya

어떤 어둠도 어떤 계절도 영원할 순 없으니까
eo-tteon eo-dum-do eo-tteon gye-jeol-do yeong-weon-hal ssun eop-seu-ni-kka

벚꽃이 피나 봐요 이 겨울도 끝이 나요
beot-kko-chi pi-na bwa-yo i gyeo-ul-do kkeu-chi na-yo

보고 싶다 (보고 싶다)
bo-go ship-da (bo-go ship-da)

보고 싶다 (보고 싶다)
bo-go ship-da (bo-go ship-da)

조금만 기다리면 며칠 밤만 더 새우면
jo-geum-man gi-da-ri-myeon myeo-chil bam-man deo sae-u-myeon

만나러 갈게 (만나러 갈게)
man-na-reo gal-kke (man-na-reo gal-kke)

데리러 갈게 (데리러 갈게)
de-ri-reo gal-kke (de-ri-reo gal-kke)

Répétez Section 2

Conseils pour bien chanter au concert

Lors de concerts et de certains spectacles, on chante tous ensemble la partie « 오워어 오워어 (*o-weo-eo o-weo-eo*) » à la fin de la chanson que l'on entend par-dessus l'accompagnement musical.

보고 싶다 이렇게 말하니까 더 보고 싶다
Tu me manques, le dire fait que tu me manques davantage

너희 사진을 보고 있어도 보고 싶다
Je regarde tes photos mais tu me manques toujours

너무 야속한 시간 나는 우리가 밉다
Le temps est si cruel, je nous déteste

이젠 얼굴 한번 보는 것조차 힘들어진 우리가
Aujourd'hui, rien que de se voir nous est difficile

보고 싶다 ...
Tu me manques [...]

너희 사진을 보고 있어도 보고 싶다
Je regarde tes photos mais tu me manques toujours

보다 peut signifier « regarder (quelque chose 어떤 대상을) », mais aussi « rencontrer (quelqu'un 누군가를) ». Lorsque vous terminez une conversation téléphonique avec un ami, il vous arrive de dire « 얼굴 한번 보자 (laisse-moi voir ton visage) » pour proposer de se rencontrer bientôt. Quant à l'expression 보고 싶다, elle fait référence au fait d'avoir envie de voir (quelque chose 무언가를), mais elle veut aussi dire « quelqu'un me manque (누군가가 그립다) ».

방탄소년단
@BTS_twt

아미 **보고 싶다** ㅜ

J'ai envie de voir ARMY, ARMY me manque T_T

#JungKook

Cette partie de la chanson exprime franchement le désir de voir quelqu'un. Quand quelqu'un nous manque terriblement, le fait de le dire nous donne encore plus envie de le voir (보고 싶다 이렇게 말하니까 더 보고 싶다). Il en est de même quand vous regardez sa photo. Vous regrettez le temps qui passe et le trouvez même cruel (너무 야속한 시간), et vous pouvez en venir à haïr ce « nous », qui n'arrivons pas à nous voir (나는 우리가 밉다 이젠 얼굴 한번 보는 것조차 힘들어진 우리가).

♫

너희 vous, toi
사진 photo
야속하다 cruel(le)
밉다 détester
얼굴 visage
_조차 même pas
힘들어지다 devenir difficile

여긴 온통 겨울뿐이야 8월에도 겨울이 와

Ici, tout n'est qu'hiver, même en août

마음은 시간을 달려가네 홀로 남은 설국열차

Mon cœur court à travers le temps, seul dans le Transperceneige

니 손 잡고 지구 반대편까지 가

Je veux te prendre la main et aller à l'autre bout du monde

이 겨울을 끝내고파

Pour mettre fin à cet hiver

그리움들이 얼마나 눈처럼 내려야

Combien de nostalgie doit s'amonceler comme la neige

그 봄날이 올까

Pour que viennent les jours de printemps ?

Friend

Friend

마음은 시간을 달려가네 홀로 남은 설국열차

Mon cœur court à travers le temps, seul dans le Transperceneige

Le temps passe à une vitesse constante. Mais il nous arrive de souhaiter qu'il passe vite. Ici, en chantant 마음은 시간을 달려가네, on compare le cœur (마음) à une personne qui court sur un chemin pour exprimer le souhait que le temps s'enfuie. 설국 dans 설국열차 fait référence à un pays ou des régions où il neige beaucoup. C'est un terme souvent utilisé dans les œuvres littéraires. 설국열차 est un train qui traverse un pays enneigé, et dans les clips, on voit souvent les BTS monter et descendre d'un train sur fond de paysage enneigé.

En Corée, l'hiver dure généralement de décembre à février et l'été, de juin à août. Mais dans la chanson de BTS, le monde entier est une région enneigée (설국) où même le mois d'août est au plus froid de l'hiver.

그리움들이 얼마나 눈처럼 내려**야**

Combien de nostalgie doit s'amonceler comme la neige

그 봄날이 올**까**

Pour que viennent les jours de printemps ?

-아/어/해야 est un suffixe conditionnel pour expliquer que la réalisation de la partie précédente est nécessaire à l'accomplissement de la partie suivante. -(으)ㄹ까 est utilisé pour poser des questions sur quelque chose de méconnu. Dans cette chanson, on compare la nostalgie à la neige en disant : « Combien de nostalgie (그리움) doit s'amonceler ? » Et comme le printemps n'arrive qu'après l'hiver enneigé, on pose une autre question sur la situation incertaine : « Avec combien de nostalgie faut-il attendre que le printemps revienne ? »

BTS dit vouloir aller jusqu'au bout du monde en te tenant la main, pour mettre rapidement fin à l'hiver (겨울) qui symbolise les difficultés, les épreuves et les moments difficiles (니 손 잡고 지구 반대편까지 가 이 겨울을 끝내고파). Peut-être s'exprime-t-il ainsi en pensant qu'à l'autre bout de la Terre, la saison est inversée par rapport à la Corée et que, le temps d'aller jusqu'à l'autre bout du monde, l'hiver aura pris fin ?

♬

8월 août

홀로 seul(e)

설국열차 train sur fond de paysage enneigé, Transperceneige

지구 planète

반대편 à l'autre bout

끝내다 terminer, mettre fin

그리움 nostalgie, manque

얼마나 combien

눈 neige

내리다 tomber

봄날 jour de printemps

허공을 떠도는 작은 먼지처럼 작은 먼지처럼
Comme une petite poussière qui flotte dans l'air, comme une petite poussière

날리는 눈이 나라면
Si j'étais ce flocon de neige qui tombe

조금 더 빨리 네게 닿을 수 있을 텐데
Je pourrais probablement te rejoindre un peu plus vite

날리는 눈**이 나라면**
Si j'étais ce flocon de neige qui tombe

조금 더 빨리 네게 닿**을 수 있을 텐데**
Je pourrais probablement te rejoindre un peu plus vite

_이/가 나라면 … -(으)ㄹ수 있을 텐데 est une expression utilisée quand vous imaginez ce que vous pourriez faire si vous deveniez quelqu'un ou quelque chose d'autre. Elle est souvent employée dans les œuvres littéraires.
En voyant un flocon de neige aussi minuscule qu'une poussière virevolter dans le vent, BTS exprime son regret en disant : « Si j'étais un si petit flocon de neige, je chevaucherais le vent pour aller jusqu'à toi. »

♬
허공 air, vide
떠돌다 flotter
날리다 virevolter
네게 à toi

COMMENTAIRE DU CLIP VIDÉO

C'est la scène qui vient juste après la fin de la partie ci-dessus dans le clip de « 봄날 (Spring Day) ». Sur le vieux manège, on voit la phrase « YOU NEVER WALK ALONE » qui est à la fois le titre et le message de cet album.

눈꽃이 떨어져요
Les flocons de neige tombent
또 조금씩 멀어져요
Et s'éloignent petit à petit
보고 싶다
Tu me manques
보고 싶다
Tu me manques
얼마나 기다려야
Combien dois-je encore attendre
또 몇 밤을 더 새워야
Combien de nuits dois-je encore rester éveillé
널 보게 될까
Pour te voir
만나게 될까
Pour te rencontrer

La chorégraphie de « 봄날 (Spring Day) » vous fait ressentir à la fois une grande énergie et une sensation délicate. Nous avons exprimé cette chorégraphie de façon lyrique avec une touche de danse contemporaine. La photo ci-dessus représente la chorégraphie pour les paroles « 눈꽃이 떨어져요 (Les fleurs de neige tombent) ». À quoi cela vous fait-il penser ?

얼마나 기다려야
Combien dois-je encore attendre
또 몇 밤을 더 새워야
Combien de nuits dois-je encore rester éveillé
널 보**게 될**까 만나**게 될**까
Pour te voir Pour te rencontrer

밤을 새우다 signifie « passer la nuit (밤) sans dormir du tout », « faire une nuit blanche ». -게 되다 dans 널 보게 될까 et 만나게 될까 fait référence au fait d'arriver à une situation due à des facteurs extérieurs. En le combinant à la terminaison -아/어/해야 et -(으)ㄹ까 apparaissant page 147, BTS lance des questions comme : « Combien de temps dois-je attendre ? Combien de nuits blanches dois-je encore passer ? Combien de temps dois-je attendre et combien de temps doit-il s'écouler pour que nous puissions enfin nous rencontrer ? » et exprime ainsi poétiquement son désir de te voir le plus vite possible.
En regardant la neige tomber comme des fleurs, c'est-à-dire 눈꽃 (des fleurs de neige), BTS passe plusieurs nuits blanches à se languir de toi. Dans le refrain des couplets 1 et 2, il attend ainsi stoïquement que le temps passe pour te retrouver. (Plus loin dans la chanson, vous pouvez constater le changement d'attitude de BTS. Pour en savoir plus, voir page 154.)

♬

눈꽃 fleur de neige
떨어지다 tomber
조금씩 petit à petit
멀어지다 s'éloigner
몇 combien
(밤을) 새우다 passer une nuit blanche
만나다 se rencontrer

시린 널 불어 내 본다 연기처럼 하얀 연기처럼
Dans la douleur, j'essaye de t'exhaler comme de la fumée, comme de la fumée blanche
말로는 지운다 해도
J'ai dit que je t'effacerai
사실 난 아직 널 보내지 못하는데
Mais en réalité je ne peux pas encore te laisser partir

시린 널 불어 내 본다 ...
Dans la douleur, j'essaye de t'exhaler [...]
말로는 지운다 해도
J'ai dit que je t'effacerai
사실 난 아직 널 보내지 못하는데
Mais en réalité je ne peux pas encore te laisser partir

L'adjectif 시리다 signifie à l'origine qu'une ou des partie(s) du corps s'engourdissent à cause du froid. Mais il peut aussi être utilisé au sens figuré pour dire qu'on a le cœur serré. Ici les BTS *te* décrivent comme 시리다 et essaient de te souffler dessus pour t'exhaler, comme un souffle de fumée.
말로는 est une expression souvent placée au début d'une phrase pour exprimer le fait que les paroles ne sont pas suivies d'actes. Quant au verbe 보내다, il signifie « envoyer quelqu'un ou quelque chose ailleurs », mais aussi « laisser partir quelqu'un ». Dans les chansons et les poèmes, on l'utilise souvent dans le sens de « renoncer à ses sentiments pour toi et te laisser partir » comme le disent les paroles de la chanson « 너를 지우다 (t'effacer) » et « 너를 보내다 (te laisser partir) ».
Page 151, les BTS disent : « 이만 너를 지울게 (je vais maintenant t'effacer) », et ainsi ils essaient de te laisser partir comme leur souffle, qu'ils exhalent comme s'il était toi. Toutefois, n'étant pas encore prêts psychologiquement, ils ne l'expriment que par des paroles, sans les mettre en pratique.

♬
시리다 avoir le cœur serré
불다 souffler
연기 fumée
하얗다 être blanc(he)
보내다 envoyer, laisser partir

You know it all
You know it all

You're my best friend
You're my best friend

아침은 다시 올 거야
Le matin reviendra

어떤 어둠도 어떤 계절도 영원할 순 없으니까
Car nulle obscurité, nulle saison ne peut durer éternellement

아침은 다시 올 거야
Le matin reviendra

Dans cette partie, le matin (아침) qui suit la nuit est également utilisé pour symboliser l'espoir, tout comme le jour de printemps (봄날).
C'est là que change leur attitude face à l'impossibilité de *te* rencontrer. Ils se libèrent de l'attitude consistant à ne faire que se poser des questions à propos de ta rencontre en *te* haïssant parfois et montrent qu'ils sont convaincus qu'un matin plein d'espoir viendra puisqu'ils reconnaissent : « *Tu* es mon(ma) meilleur(e) ami(e) (*You're my best friend*). » Après tout, dans ce monde, il n'y a aucun endroit où il fait éternellement sombre ni aucun endroit où une seule saison dure pour toujours (어떤 어둠도 어떤 계절도 영원할 순 없으니까).

♬
계절 saison
영원하다 pour toujours, éternel

벚꽃이 피나 봐요 이 겨울도 끝이 나요

Les fleurs de cerisiers semblent s'épanouir, cet hiver aussi prendra fin

보고 싶다

Tu me manques

보고 싶다

Tu me manques

조금만 기다리면 며칠 밤만 더 새우면

Si tu attends encore un peu, si tu veilles encore quelques nuits

만나러 갈게

Je viendrai te voir

데리러 갈게

Je viendrai te chercher

J'ai écrit cette chanson en pensant à mes vieux amis qui me manquent. En fait, je les ai contactés pour la première fois depuis longtemps et voilà le genre de réponse qu'ils m'ont donnée : « Je voulais t'appeler, mais je ne l'ai pas fait de peur que tu penses que j'essayais de me rapprocher de toi parce que tu étais devenu célèbre, comme si je cherchais à profiter. » Cela m'a fait réaliser que j'aurais dû les contacter en premier, et plus tôt. Si vous aussi vous avez des amis qui vous manquent et à qui vous n'avez pas donné de nouvelles depuis longtemps, ayez le courage de les contacter en premier.

조금만 기다리면 며칠 밤만 더 새우면

Si tu attends encore un peu, si tu veilles encore quelques nuits

만나**러 갈게** 데리**러 갈게**

Je viendrai te voir Je viendrai te chercher

-(으)러 가다 indique le but d'un déplacement, tandis que la terminaison -(으)ㄹ게 est utilisée quand on veut exprimer sa volonté ou une promesse faite à quelqu'un. Donc, ici, 만나러 갈게 et 데리러 갈게 révèlent la volonté d'aller *te* rencontrer et d'aller *te* chercher.

En Corée, les cerisiers fleurissent en général de fin mars à début avril. Le printemps commence en mars, mais comme il fait encore assez froid, les gens se disent que le printemps est là quand ils voient les cerisiers en fleurs. Autrement dit, si les cerisiers sont en fleurs, c'est que l'hiver a laissé la place au printemps (벚꽃이 피나 봐요 이 겨울도 끝이 나요). Avec l'arrivée du printemps, les BTS reprennent espoir et sont déterminés à te rencontrer. Dans les couplets 1 et 2, ils se montrent relativement passifs en posant des questions comme : « Combien de temps devons-nous attendre ? Combien de nuits blanches devons-nous passer avant de nous revoir ? (얼마나 기다려야 또 몇 밤을 더 새워야 널 보게 될까 만나게 될까) » (page 149). Mais finalement, ils terminent la chanson en adoptant une attitude plus active, puisqu'ils chantent en disant à l'ami(e) qui leur manque qu'il(elle) n'a qu'à attendre un peu, juste quelques jours, avant qu'ils ne viennent le(la) voir.

♬

끝이 나다 prendre fin, terminer

며칠 quelques jours

데리다 chercher

COMMENTAIRE DU CLIP VIDÉO

Le clip vidéo de « 봄날 (Spring Day) » a plusieurs interprétations possibles. Dans leur interview, les BTS ont dit qu'ils s'étaient concentrés sur la représentation visuelle de la chanson dans ce clip et que, comme il peut être interprété différemment selon le point de vue de chaque spectateur, ils voulaient laisser aux ARMY le soin de l'interpréter à leur guise. Que pensez-vous de ce clip ? Quelle est la scène que vous préférez ?

CHAPITRE 10

Yet To Come

PROOF

TRACKLIST

CD 1

1 Born Singer
2 No More Dream
3 N.O
4 상남자 (Boy In Luv)
5 Danger
6 I NEED U
7 RUN
8 불타오르네 (FIRE) ◂ CHAPITRE 5
9 피 땀 눈물
10 봄날 ◂ CHAPITRE 9
11 DNA
12 FAKE LOVE
13 IDOL ◂ CHAPITRE 4
14 작은 것들을 위한 시 (Boy With Luv) (Feat. Halsey) ◂ CHAPITRE 1
15 ON ◂ CHAPITRE 2
16 Dynamite
17 Life Goes On ◂ CHAPITRE 3
18 Butter
19 **Yet To Come (The Most Beautiful Moment)**

CD 2

1 달려라 방탄
2 Intro : Persona
3 Stay
4 Moon
5 Jamais Vu
6 Trivia 轉 : Seesaw
7 BTS Cypher PT.3 : KILLER (Feat. Supreme Boi)
8 Outro : Ego
9 Her
10 Filter
11 친구
12 Singularity
13 00:00 (Zero O'Clock)
14 Euphoria
15 보조개

CD 3

1 Jump (Demo Ver.)
2 애매한 사이
3 상남자 (Demo Ver.)
4 따옴표
5 I NEED U (Demo Ver.)
6 흥탄소년단 (Demo Ver.)
7 Tony Montana (with Jimin)
8 Young Forever (RM Demo Ver.)
9 봄날 (V Demo Ver.)
10 DNA (j-hope Demo Ver.)
11 Epiphany (Jin Demo Ver.)
12 Seesaw (Demo Ver.)
13 Still With You (Acapella)
14 For Youth

Proof (2022) est un album-anthologie racontant l'histoire de BTS, accompagné d'ARMY, et présentant les réflexions de ses membres sur le passé, le présent et l'avenir du groupe. « Yet To Come » est un morceau hip-hop alternatif à tempo moyen. C'est aussi la chanson phare de cet album concluant le CD 1, qui raconte l'histoire de BTS. Elle expose le parcours du groupe qui a grandi à travers les épreuves et les joies qu'il a vécues, ainsi que son avenir qui promet de briller encore plus fort.

À PROPOS DE LA CHANSON

저희의 추억들과 곡 작업을 했던 지난 순간들을 되돌아보고,
방탄소년단 페이지의 첫 장을 마무리해 보자는 마음가짐으로 이번 앨범을 만들었던 것 같아요.

Nous avons créé cet album pour nous remémorer nos souvenirs et les moments que nous avons passés à travailler sur les chansons, et clôturer ainsi la première page de l'histoire de BTS.

'Yet To Come'은 '당신의 최고의 순간은 아직 오지 않았다'라는 희망적인 메시지를 담고 있는 곡이에요.
멜로디가 따뜻한 분위기이어서 ARMY 분들이 편안하게 듣기에 좋을 것 같아요.

« Yet To Come » est une chanson porteuse d'un message d'espoir qui dit : « Le meilleur moment est à venir. » Nous voulons que la mélodie, qui offre une ambiance apaisante, soit agréable à écouter pour vous, les ARMY.

멤버들과 서로가 생각하는 '최고의 순간'에 대해 이야기를 나누었는데,
제 최고의 순간은 처음 회사에 들어온 날이 아닐까 싶어요. 그때를 기점으로 저의 미래가 바뀌었으니까요.
제 고등학교 졸업식 때 형들이 와 주고, 형들이 수능 볼 때 함께 도시락을 싸 준 기억도 떠오르네요.

Nous avons discuté entre nous de ce qui avaient été « les meilleurs moments » pour chacun. Je pense que le mien, c'est le jour où j'ai rejoint le label, car c'est à partir de là que ma vie a changé. Je me rappelle que les autres membres sont venus à ma remise de diplôme au lycée et je me souviens aussi des moments où nous avons préparé ensemble des lunch-box pour ceux qui passaient leur test d'aptitude scolaire (*suneung*) nécessaire à l'admission à l'université.

Yet To Come

Was it honestly the best?
Was it honestly the best?

Cause I just wanna see the next
Cause I just wanna see the next

부지런히 지나온
bu-ji-reon-hi ji-na-on

어제들 속에
eo-je-deul so-ge

참 아름답게
cham a-reum-dap-ge

Yeah the past was honestly the best
Yeah the past was honestly the best

But my best is what comes next
But my best is what comes next

I'm not playin', nah for sure
I'm not playin', nah for sure

그날을 향해
geu-na-reul hyang-hae

숨이 벅차게
su-mi beok-cha-ge

You and I, best moment is yet to come
You and I, best moment is yet to come

(김남준! 김석진! 민윤기! 정호석!)

Moment is yet to come, yeah
Moment is yet to come, yeah

(박지민! 김태형! 전정국! BTS!)

다들 언제부턴가
da-deul eon-je-bu-teon-ga

말하네 우릴 최고라고
mal-ha-ne u-ril choe-go-ra-go

온통 알 수 없는 names
on-tong al ssu eom-neun names

이젠 무겁기만 해
i-jen mu-geop-gi-man hae

노래가 좋았다고
no-rae-ga jo-at-da-go

그저 달릴 뿐이라고
geu-jeo dal-lil ppu-ni-ra-go

Promise that we'll keep on coming back for more
Promise that we'll keep on coming back for more

Section 1

너의 마음속 깊은 어딘가
neo-ui ma-eum-ssok gi-peun eo-din-ga

여전한 ❶소년이 있어
yeo-jeon-han so-nyeo-ni i-sseo

My moment is yet to come
My moment is yet to come

Yet to come
Yet to come

(당신은 꿈꾸는가, 그 길의 끝은 무엇일까)
(dang-shi-neun kkum-kku-neun-ga, geu gi-rui kkeu-teun mu-eo-shil-kka)

Moment is yet to come, yeah
Moment is yet to come, yeah

(모두가 숨죽인 밤, 우린 발을 멈추지 않아)
(mo-du-ga sum-ju-gin bam, u-rin ba-reul meom-chu-ji a-na)

Yet to come
Yet to come

(We gonna touch the sky, 'fore the day we die)
(We gonna touch the sky, 'fore the day we die)

Moment is yet to come, yeah
Moment is yet to come, yeah

(자 이제 시작이야, the best yet to come)
(ja i-je shi-ja-gi-ya, the best yet to come)

언젠가부터 붙은 불편한 수식어
eon-jen-ga-bu-teo bu-teun bul-pyeon-han su-shi-geo

최고란 말은 아직까지 낯간지러워
choe-go-ran ma-reun a-jik-kka-ji nat-gan-ji-reo-weo

난 난 말야 걍 음악이 좋은걸
nan nan ma-rya gyang eu-ma-gi jo-eun-geol

여전히 그때와 다른 게 별로 없는걸
yeo-jeon-hi geu-ttae-wa da-reun ge byeol-lo eom-neun-geol

Conseils pour bien chanter au concert

❶ 소년이 있어 (*so-nyeo-ni i-sseo*) se prononce en contractant de façon suivante : « 소년있어 (*so-nyeo-ni-sseo*) ».

아마 다른 게 별루 없다면
a-ma da-reun ge byeol-lo eop-da-myeon

You'll say it's all a lie, yeah
You'll say it's all a lie, yeah

난 변화는 많았지만
nan byeon-hwa-neun ma-nat-ji-man

변함은 없었다 해
byeon-ha-meun eop-seot-da hae

A new chapter
A new chapter

매 순간이 새로운 최선
mae sun-ga-ni sae-ro-un choe-seon

지금 난 마치 열세 살
ji-geum nan ma-chi yeol-se sal

그때의 나처럼 뱉어
geu-ttae-ui na-cheo-reom bae-teo

Huh
Huh

아직도 배울 게 많고
a-jik-do bae-ul kke man-ko

나의 인생 채울 게 많아
na-ui in-saeng chae-ul kke ma-na

그 [1]이유를 물어본다면
geu i-yu-reul mu-reo-bon-da-myeon

내 심장이 말하잖아
nae shim-jang-i mal-ha-ja-na

We ain't about it 이 세상의 기대
We ain't about it i se-sang-ui gi-dae

We ain't about it 최고란 기준의 step
We ain't about it choe-go-ran gi-ju-nui step

(We ain't about it)
(We ain't about it)

왕관과 꽃, 수많은 트로피
wang-gwan-gwa kkot, su-ma-neun teu-ro-pi

(We ain't about it)
(We ain't about it)

Dream & hope & goin' forward
Dream & hope & goin' forward

(We so about it)
(We so about it)

긴긴 원을 돌아 결국 또 제자리
gin-gin weo-neul do-ra gyeol-guk tto je-ja-ri

Back to one
Back to one

Répétez Section 1

So was it honestly the best?
So was it honestly the best?

Cause I just wanna see the next
Cause I just wanna see the next

눈부시게 지나온
nun-bu-shi-ge ji-na-on

기억들 속에
gi-eok-deul so-ge

참 아름답게
cham a-reum-dap-ge

Yeah the past was honestly the best
Yeah the past was honestly the best

But my best is what comes next
But my best is what comes next

We'll be singin' till the morn
We'll be singin' till the morn

그날을 향해
geu-na-reul hyang-hae

더 우리답게
deo u-ri-dap-ge

You and I, best moment is yet to come
You and I, best moment is yet to come

[1] Quand on chante, ça se prononce « 이율 (*i-yul*) ».

Was it honestly the best?
Was it honestly the best?

Cause I just wanna see the next
Cause I just wanna see the next

부지런히 지나온
Traversée assidue

어제들 속에
Au milieu de tous nos hiers

참 아름답게
En toute beauté

C'est moi qui ai fait l'intro de « Yet To Come ». Il faut dire que je l'ai chantée avec un sentiment similaire à celui que j'ai éprouvé en chantant « Life Goes On »... J'ai moins essayé de l'embellir que d'y mettre de la sincérité.

부지런히 지나온
Traversée assidue

어제들 속에
Au milieu de tous nos hiers

참 아름답**게**
En toute beauté

어제 signifie « hier », mais il fait aussi symboliquement référence au « passé ». -게 est un suffixe pour créer un adverbe. Il est généralement utilisé pour indiquer la manière dont on fait quelque chose (comment), ou le degré d'implication dans quelque chose (combien).

Exemple 우리는 최고의 순간을 향해 힘차**게** 달려가고 있어요.
Nous courons vivement vers le meilleur moment.

방탄소년단
@BTS_twt

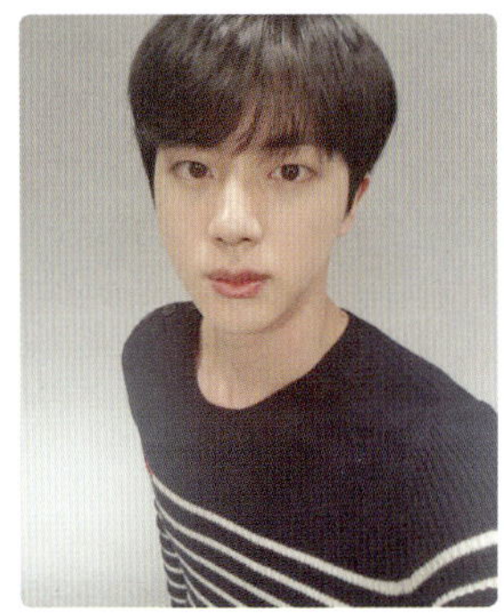

아미 덕분에 오래오래
즐겁**게** 활동 중!
내일 만나요. 아미 하트.

Je travaille avec plaisir depuis très, très longtemps grâce à ARMY !
À demain,
ARMY, cœur.
#Jin

Les BTS se retournent sur leur passé et se demandent si leur image passée était vraiment la meilleure (*Was it honestly the best?*). Les BTS d'hier ont vécu une vie vraiment passionnante, et c'était beau à voir. Toutefois, ils disent qu'il y a un futur qu'ils ont encore plus envie de découvrir (*Cause I just wanna see the next*).

부지런히 avec zèle
지나오다 passer
어제 hier

힘차다 être vif(vive)

오래오래 depuis très très longtemps
즐겁다 être amusant(e)
활동 activités
중 au cours de

Yeah the past was honestly the best
Yeah the past was honestly the best

But my best is what comes next
But my best is what comes next

I'm not playin', nah for sure
I'm not playin', nah for sure

그날을 향해
Vers ce jour-là

숨이 벅차게
À en perdre haleine

You and I, best moment is yet to come
You and I, best moment is yet to come

Moment is yet to come, yeah
Moment is yet to come, yeah

그날을 향해
Vers ce jour-là

숨이 벅차게
À en perdre haleine

그날 indique généralement la date susmentionnée, mais peut désigner aussi le jour que vous attendez ou celui dont vous avez envie de vous souvenir. 벅차다 signifie « difficile à supporter », par exemple 숨이 벅차다 est utilisé quand vous êtes à bout de souffle (숨) au point d'avoir du mal à respirer.
Quant à la question de savoir si leur image passée était la meilleure, les BTS admettent que c'est le cas (*Yeah the past was honestly the best*), mais ils disent que le véritable meilleur moment de leur vie est à venir. Ils expriment par là leur volonté de continuer à courir vers ce meilleur moment jusqu'à perdre le souffle.

다들 언제부턴가
Pas sûr depuis quand

말하네 우릴 최고라고
Ils disent tous que nous sommes les meilleurs

온통 알 수 없는 names
Ces names totalement inconnus

이젠 무겁기만 해
Aujourd'hui, ils ne font que peser

노래가 좋았다고
Nous aimions la musique

그저 달릴 뿐이라고
Nous ne faisons que courir

Promise that we'll keep on coming back for more
Promise that we'll keep on coming back for more

다들 언제부턴가
Pas sûr depuis quand

말하네 우릴 최고**라고** ...
Ils disent tous que nous sommes les meilleurs [...]

그저 달릴 뿐**이라고**
Nous ne faisons que courir

_(이)라고 est employé pour citer les paroles de quelqu'un, mais aussi pour souligner quelque chose que vous dites.
Les gens disent de BTS que ce sont les meilleurs (최고) et leur attribuent une multitude de titres, ce qui peut être pesant. À ce propos, les BTS avouent franchement que l'attente des gens à leur égard pèse lourd sur leurs épaules, et ils soulignent que s'ils connaissent un tel succès aujourd'hui, c'est juste parce qu'ils ont vraiment aimé la musique et ont travaillé sans répit.

♬
그날 ce jour-là
향하다 se diriger vers
숨이 벅차다 être à bout de souffle
다들 tous(tes)
언제 quand, un jour
무겁다 peser lourd

너의 마음속 깊은 어딘가
Quelque part au fond de ton cœur

여전한 소년이 있어
Vit encore un jeune garçon

My moment is yet to come
My moment is yet to come

Yet to come
Yet to come

(당신은 꿈꾸는가, 그 길의 끝은 무엇일까)
(Êtes-vous en train de rêver ? Qu'y a-t-il au bout du chemin ?)

Moment is yet to come, yeah
Moment is yet to come, yeah

(모두가 숨죽인 밤, 우린 발을 멈추지 않아)
(Dans le silence de la nuit, nous continuons d'avancer)

Yet to come
Yet to come

(We gonna touch the sky, 'fore the day we die)
(We gonna touch the sky, 'fore the day we die)

Moment is yet to come, yeah
Moment is yet to come, yeah

(자 이제 시작이야, the best yet to come)
(Voilà, ce n'est que le début, the best yet to come)

모두가 숨죽인 밤, 우린 발을 멈추지 않아 ...
Dans le silence de la nuit, nous continuons d'avancer [...]

자 이제 시작이야, the best yet to come
Voilà, ce n'est que le début, the best yet to come

숨죽이다 est un mot composé de 숨 (souffle) et 죽이다 (tuer) qui signifie littéralement « retenir son souffle ». Mais il désigne aussi le fait de rester si silencieux que vous ne vous entendez même pas respirer. 이제 시작이다 est surtout utilisé pour montrer votre détermination à bien travailler ou à bien faire lorsque vous vous engagez dans quelque chose.

방탄소년단
@BTS_twt

이제부터 진짜 **시작입니다!**
레쓰고~

C'est maintenant que tout commence vraiment.
Let's go ! (On y va !)
#jhope

Il s'agit là d'un refrain révélant la détermination des BTS qui veulent continuer à avancer en répétant des messages tels que « Mon moment est à venir (*My moment is yet to come*) ». Les BTS parlent d'eux-mêmes à la deuxième personne comme 너 (tu) et 당신 (vous) pour exprimer l'idée qu'ils ont toujours un jeune garçon rêveur au fond du cœur (너의 마음속 깊은 어딘가 여전한 소년이 있어). Et tandis qu'ils continuent d'avancer vers leurs rêves, ils se posent des questions sur ce qu'il y aura au bout du chemin (당신은 꿈꾸는가, 그 길의 끝은 무엇일까). Ils ont avancé sans relâche, même dans le calme de la nuit où on n'entend aucun bruit de respiration, et c'est ainsi qu'ils en sont arrivés là. De ce fait, tout le monde dit qu'ils sont déjà les meilleurs, mais ils sont résolus à aller encore plus haut et disent que ce n'est que le début.

♬

어딘가 quelque part
여전하다 rester le(la) même, inchangé(e)
소년 garçon
당신 vous
꿈꾸다 rêver
무엇 quoi, quelque chose
숨죽이다 retenir son souffle
자 allez

언젠가부터 붙은 불편한 수식어
Cette épithète inconfortable qu'on nous a accolée un jour
최고란 말은 아직까지 낯간지러워
Être appelés les meilleurs nous gêne toujours
난 난 말야 걍 음악이 좋은걸
Moi, j'aime la musique et c'est tout
여전히 그때와 다른 게 별로 없는걸
Rien n'a vraiment changé depuis cette époque

Vous savez, on qualifie BTS de beaucoup de superlatifs. Pour être franc, cela nous pèse, parfois. Je voudrais que vous sachiez que nous sommes des êtres humains pas très différents de vous.

언젠가부터 붙은 불편한 수식어
Cette épithète inconfortable qu'on nous a accolée un jour
최고란 말은 아직까지 낯간지러워
Être appelés les meilleurs nous gêne toujours

수식어 signifie « le qualificatif ». Il s'agit des mots qui sont ajoutés pour décrire quelque chose avec beauté ou pour l'expliquer de façon plus concrète. Il est utilisé souvent sous forme de 수식어가 붙다 (le qualificatif est ajouté) pour décrire quelqu'un avec les mots le qualifiant le mieux. Quant à l'expression 낯간지럽다, elle vient de la combinaison entre 낯 (visage) et 간지럽다 (démanger). On l'utilise pour dire qu'on a honte au point que le visage démange.
À mesure que les BTS devenaient des chanteurs mondialement connus, le qualificatif 최고 (meilleurs) comme dans 최고의 가수 (les meilleurs chanteurs), a commencé à être utilisé comme le mot les représentant le mieux. Cependant, les BTS font preuve d'humilité en disant que cela les gêne d'être désignés de cette façon alors qu'ils sont encore jeunes. En utilisant l'expression 난 말야 (en fait, moi…), employée en général avant de dire franchement ce qu'on a sur le cœur, les BTS s'expriment honnêtement à propos de ce que les gens pensent d'eux en disant qu'ils font simplement la musique qu'ils aiment et que rien chez eux n'a changé par rapport à leur vie d'avant (난 난 말야 걍 음악이 좋은걸 여전히 그때와 다른 게 별로 없는걸).

♬

언젠가 un jour
붙다 coller, ajouter
불편하다 être mal à l'aise
수식어 qualificatif
낯간지럽다 être gêné(e), avoir honte
여전히 toujours, rester constant(e)
다르다 différent(e)
별로 pas très

이미 다른 게 별로 없다면
Si je dis que rien n'a vraiment changé

You'll say it's all a lie, yeah
You'll say it's all a lie, yeah

난 변화는 많았지만
Je dirais qu'il y a eu beaucoup de changements mais

변함은 없었다 해
Je n'ai pas changé

A new chapter
A new chapter

매 순간이 새로운 최선
Chaque instant est mon nouveau meilleur

지금 난 마치 열세 살
Je ressemble à celui que j'étais à treize ans

그때의 나처럼 뱉어
Je crache des rimes comme je le faisais alors

Huh
Huh

난 변화는 많았지만
Je dirais qu'il y a eu beaucoup de changements mais
변함은 없었다 해
Je n'ai pas changé

변화 signifie « changement ». 변함없다 dans l'expression 변함은 없었다 fait référence au fait que les choses restent constantes, sans changement. Par exemple, la phrase 변화는 많았지만 변함은 없었다 veut dire qu'il y a eu beaucoup de changements, mais que rien n'a changé. Cela peut paraître un peu paradoxal, mais une différence de nuance entre 변화 et 변함 fait que, bien qu'il y ait beaucoup de changements dans l'environnement des BTS, puisqu'ils ont réussi à gagner l'amour des fans du monde entier et à se produire dans d'immenses salles, leur attitude visant à faire toujours de leur mieux reste inchangée.

En se rappelant le moment où, à un très jeune âge, ils ont commencé la musique pour la première fois, ils soulignent le fait qu'ils chantent toujours avec la même passion. RM, qui interprète cette partie, s'est en effet lancé dans le hip-hop à l'âge de 13 ans.

♬

아마 peut-être
변화 changement
변함없다 rester inchangé(e)
매 chaque
새롭다 être nouveau(nouvelle)
최선 le mieux
지금 maintenant
열세 살 13 ans
뱉다 cracher

아직도 배울 게 많고
J'ai encore beaucoup à apprendre
나의 인생 채울 게 많아
Beaucoup à accomplir dans la vie
그 이유를 물어본다면
Si tu me demandes pourquoi
내 심장이 말하잖아
Mon cœur te le dit
We ain't about it 이 세상의 기대
We ain't about it, les attentes du monde
We ain't about it 최고란 기준의 step
We ain't about it, step pour devenir les meilleurs

(We ain't about it)
(We ain't about it)
왕관과 꽃, 수많은 트로피
Couronnes et fleurs, trophées innombrables
(We ain't about it)
(We ain't about it)
Dream & hope & goin' forward
Dream & hope & goin' forward
(We so about it)
(We so about it)
긴긴 원을 돌아 결국 또 제자리
Nous retournons à la case départ après avoir fait un long long détour
Back to one
Back to one

Je réfléchis constamment à la direction à prendre pour m'améliorer. Quant à cette chanson, j'ai apporté un changement avec l'auto-tune, un logiciel que je n'utilise pas d'habitude. Je pense que grâce à toutes les connaissances et à toute l'énergie que j'ai accumulées jusqu'ici, je peux sensiblement améliorer la chanson à chaque instant.

아직도 배울 게 많고
J'ai encore beaucoup à apprendre
나의 인생 채울 게 많아 ...
Beaucoup à accomplir dans la vie [...]
내 심장이 말하잖아
Mon cœur te le dit

-(으)ㄹ est un suffixe utilisé pour indiquer quelque chose à finir dans le futur ou quelque chose qui arrivera, mais cela peut aussi se traduire par quelque chose que l'on doit faire. Par exemple, 배울 것 (quelque chose à apprendre) et 채울 것 (quelque chose à accomplir) peuvent se comprendre comme quelque chose que l'on doit apprendre et accomplir. 심장이 말하다 (le cœur parle) est une expression métaphorique souvent utilisée dans les œuvres littéraires et dans les paroles des chansons : on personnifie le cœur pour exprimer avec candeur ce que l'on souhaite.
Les BTS disent qu'ils ont encore beaucoup à apprendre et beaucoup à accomplir au cours de leur vie parce qu'ils veulent de tout cœur grandir davantage encore. Ils chantent qu'ils vont suivre le chemin qu'ils souhaitent vraiment suivre, eux, sans se cantonner à ce que les gens attendent d'eux, et sans se conformer à ce que le monde a décrété comme étant le meilleur chemin à prendre.

왕관과 꽃, 수많은 트로피 ...
Couronnes et fleurs, trophées innombrables [...]
긴긴 원을 돌아 결국 또 제자리
Nous retournons à la case départ après avoir fait un long long détour

왕관 (couronne), 꽃 (fleur) et 트로피 (trophée) symbolisent l'accomplissement ou l'exploit. Et 원 désigne un cercle, figure constituée d'une seule ligne continue qui n'a ni début ni fin, à la différence de la ligne droite. Le cercle aura beau être immense, si vous longez sa circonférence à partir d'un point, vous finirez par revenir au point de départ.
Depuis leurs débuts, les BTS ont reçu énormément de couronnes de laurier, de fleurs et de trophées, mais ils disent qu'ils ne vont pas s'attacher à ce genre de succès. Au lieu de ça, ils expriment leur détermination à aller de l'avant, avec les mêmes rêves et les espoirs qu'ils ont dans le cœur depuis le début de leur carrière, tout comme un cercle (원) qui vous fait revenir au point de départ, au fil du temps. Dans « Back to one », ils soulignent cette résolution en se référant une fois de plus à « one », dont la prononciation est très similaire à celle du mot coréen 원 (*weon*).

♬

배우다 apprendre
인생 vie
채우다 remplir, accomplir
물어보다 demander
심장 cœur
기대 attente
기준 critère
왕관 couronne
꽃 fleur
수많다 être innombrable
트로피 trophée
긴긴 très long(ue)
원 cercle
돌다 tourner
제자리 au même point

So was it honestly the best?
So was it honestly the best?

Cause I just wanna see the next
Cause I just wanna see the next

눈부시게 지나온
Traversée éblouissante

기억들 속에
Au milieu de nos souvenirs

참 아름답게
En toute beauté

1절과 가사가 달라진 부분을 찾아보세요.
Essayez de trouver les passages où les paroles sont différentes de celles du premier couplet. (Voir pages 162-163.)

Yeah the past was honestly the best
Yeah the past was honestly the best

But my best is what comes next
But my best is what comes next

We'll be singin' till the morn
We'll be singin' till the morn

그날을 향해
Vers ce jour-là

더 우리답게
Plus semblables à nous-mêmes

You and I, best moment is yet to come
You and I, best moment is yet to come

Le meilleur moment ne viendra peut-être jamais. Au bout de neuf ans d'activité, j'ai appris à quel point chacun de nos membres et de nos fans est précieux et important. Il m'arrive de penser que, tant que nous sommes ensemble, chaque jour est peut-être le meilleur.

그날을 향해
Vers ce jour-là

더 우리**답**게
Plus semblables à nous-mêmes

_답다 est utilisé pour dire que vous êtes digne de quelque chose.

Exemple 저희는 방탄소년단**답**게, 계속 발전하겠습니다.
Nous continuerons à nous améliorer, en dignes membres de BTS que nous sommes.

C'est le passage où les paroles changent un peu par rapport à celles du premier couplet, illustrant clairement le chemin que les BTS veulent emprunter. Pour eux, les souvenirs du passé sont déjà éblouissants, magnifiques (눈부시게 지나온 기억들 속에 참 아름답게). Mais le meilleur est encore à venir. Ils terminent la chanson en déclarant qu'ils chanteront jusqu'à ce que ce jour arrive, et que c'est la seule chose à faire, la chose la plus digne des BTS (방탄소년단다운).

♬
눈부시다 éblouissant(e)

COMMENTAIRE DU CLIP VIDÉO

Le clip vidéo de « Yet To Come » contient beaucoup de scènes évoquant d'anciens clips. Tout comme l'album *Proof*, le clip raconte l'histoire des BTS.

화양연화 on stage : prologue (2015)

RUN (2015)

피 땀 눈물 (2016)

Il y a toutefois quelques variations. Dans le clip de « 피 땀 눈물 » (Sang, sueur, larmes), V couvre les yeux de Jin, tandis que dans le clip de « Yet To Come », Jin couvre les yeux de V.

봄날 (Spring Day) (2017)

En particulier, dans la dernière scène du clip vidéo de « Yet To Come », on voit que la position des BTS et la direction de leurs regards sont presque identiques à celles du clip de « 봄날 ». La seule petite différence, c'est que dans le clip de « Yet To Come », leur visage semble plus radieux et plus paisible.

Merci, ARMY !

Disons que BTS a donné un spectacle magnifique pour ARMY !
Et si vous n'étiez pas encore tout à fait prêt à rentrer chez vous...?

À quoi ressemble l'ambiance de la salle à la fin d'un concert passionnant ? À ce stade, tout le monde a besoin de boire un verre d'eau et de se rafraîchir, que ce soit les artistes épuisés d'avoir dépensé tant d'énergie, ou les fans qui ont pris plaisir à ce spectacle tout en les acclamant. Mais il y a une chose que tout le monde réclame à ce moment-là : « Une autre ! » Les concerts de BTS ne font pas exception.

Les ARMY qui en veulent « une autre » crient : « BTS ! » ou d'autres *fan-chants* contenant le nom des membres. Ils chantent aussi « So show me! I'll show you! » de « Magic Shop », ou « 그래도 좋은 날이 앞으로 많기를 », les paroles de la chanson « 둘! 셋! (그래도 좋은 날이 더 많기를) », ou bien « Forever we are young », les paroles de « EPILOGUE : Young Forever », etc. Ou encore ils exécutent les vagues (파도타기) qui sont leur spécialité.

Alors qu'ils attendent un moment, tout en les acclamant et en secouant leur ARMY BOMB..., les BTS font une nouvelle apparition spectaculaire et le concert se termine par un rappel rassurant et un fabuleux feu d'artifice.

Forever we are young!
김남준! 김석진! 민윤기! 정호석! 박지민! 김태형! 전정국! BTS!
BTS!
BTS!
그래도 좋은 날이 앞으로 많기를

LA PRONONCIATION EN CORÉEN DES PAROLES DES CHANSONS DE BTS

Magic Shop

❶ **영**영 **사**라지고 ❷ **싫**은 날

yeo**ng**-yeong **s**a-ra-ji-go **sh**i-peun nal

❶ La consonne ㅇ est muette quand elle est utilisée devant une voyelle. Lorsqu'elle sert de *batchim*, elle se prononce « ng ».

❷ La consonne ㅅ se prononce « sh » devant les voyelles simples comme ㅣ et certaines voyelles composées telles que ㅕ et ㅠ.

ON

제 **발로** 들어온 아**름**다운 감옥

je ba**l-l**o deu-reo-on a-**r**eum-da-un ga-mok

La consonne ㄹ se prononce « r » lorsqu'elle est utilisée devant les voyelles, tandis que quand elle sert de *batchim* ou qu'elle suit un autre ㄹ, ça se prononce « l ».

Life Goes On

여기 내 손을 **잡아** [여기 내 소늘 **자바**]

yeo-gi nae so-**n**eul ja-**b**a

Lorsque la syllabe qui suit un *batchim* commence par une voyelle, le *batchim* est prononcé comme s'il s'agissait de la consonne initiale de la syllabe suivante.

작은 것들을 위한 시 (Boy With Luv) (Feat. Halsey)

저 하늘을 **높이** 날고 **있어** [저 하느를 **노피** 날고 **이써**]

jeo ha-neu-**r**eul no-**p**i nal-go i-**ss**eo

We are Bulletproof : the Eternal

이렇게 맞잡은 손 끝에 [이러케] ㅎ + ㄱ → ㅋ
i-reo-**ke** mat-ja-beun son kkeu-te

Lorsque le son des consonnes /ㄱ, ㄷ, ㅂ, ㅈ/ rencontre celui de ㅎ,
↓ ↓ ↓ ↓
leur prononciation se change en /ㅋ, ㅌ, ㅍ, ㅊ/ respectivement.

IDOL

얼쑤 좋다 [조타] ㅎ + ㄷ → ㅌ
eol-ssu jo-**ta**

Yet To Come

아직도 배울 게 많고 [만코] ㅎ + ㄱ → ㅋ
a-jik-do bae-ul kke man-**ko**

소우주 (Mikrokosmos)

우린 빛나고 있네
u-rin bi**n**-na-go i**n**-ne

❶ [빋+나] → [빈나]

❷ [읻+네] → [인네]

Lorsque les *batchim* prononcés /ㄱ, ㄷ, ㅂ/ sont suivis par les consonnes initiales ㄴ ou ㅁ,
↓ ↓ ↓
leur prononciation se transforme en /ㅇ, ㄴ, ㅁ/ respectivement.

봄날 (Spring Day)

이 겨울도 끝이 나요 [끄치]
i gyeo-ul-do kkeu-**chi** na-yo

Si le *batchim* ㅌ est suivi de la voyelle simple ㅣ, la prononciation est [치], et non [티].

불타오르네 (FIRE)

전부 다 태울 것 같이 [가치]
jeon-bu da tae-ul kkeot ga-**chi**

RÉFÉRENCES

TOUS LES CHAPITRES

- ★ **Bighit Music Official Website** (https://ibighit.com/bts)
- ★ **Twitter |** @BTS_twt @bts_bighit
- ★ **Weverse |** BTS
- ★ **YouTube |** HYBE LABELS, BANGTANTV
- ★ **V LIVE |** *Run BTS* Ep.144 달방가요
- ★ **슙디의 꿀 FM 06.13 '2020 방탄소년단 음악선거'**

CHAPITRE 1
작은 것들을 위한 시 (Boy With Luv) (Feat. Halsey)

- ★ **V LIVE |** BTS 꿀FM 06.13 : Comeback Special
- ★ **V LIVE |** RM - MAP OF THE SOUL : PERSONA Behind
- ★ **Press Conference |** 'MAP OF THE SOUL : PERSONA' Global Press Conference

CHAPITRE 2
ON

- ★ **Press Conference |** 'MAP OF THE SOUL : 7' Global Press Conference
- ★ **V LIVE |** 남준이의 7 비하인드 😂
- ★ **YouTube |** [BANGTAN BOMB] BTS 'ON' MV reaction - BTS (방탄소년단)

CHAPITRE 3
Life Goes On

- ★ **Press Conference |** 'BE (Deluxe Edition)' Global Press Conference
- ★ **YouTube |** BTS (방탄소년단) 'BE-hind Story' Interview (+ENG/JPN/CHN)
- ★ **YouTube |** [EPISODE] BTS (방탄소년단) 'Life Goes On' MV Shoot Sketch
- ★ **YouTube |** BTS (방탄소년단) "Life Goes On" Official Lyrics & Meaning (공식 가사 및 해설) | Verified
- ★ **V LIVE |** BTS 'Live Goes On'
- ★ **YouTube |** BTS (방탄소년단) 7-Second Interview

CHAPITRE 4
IDOL

- ★ **V LIVE |** [FULL] 방탄늬우스 : Behind The anSwer
- ★ **YouTube |** [BANGTAN BOMB] Drawing from 'IDOL' MV - BTS (방탄소년단)
- ★ **V LIVE |** RM : LOVE YOURSELF 結 'Answer' Behind
- ★ **YouTube |** [BANGTAN BOMB] 'IDOL' Special Stage (BTS focus) @2018 MMA - BTS (방탄소년단)

CHAPITRE 5
불타오르네 (FIRE)

★ **V LIVE |** [REPLAY] BTS COUNTDOWN LIVE “BURNING BTS!”
★ **YouTube |** 퍼포먼스 제왕 군조&에일리언의 선곡! <불타오르네> 의 비하인드 스토리와 꿀팁은?! [불후의 명곡2 전설을 노래하다/Immortal Songs 2] | KBS 201114 방송
★ **YouTube |** 20160513 [스타가What다] 방탄소년단 360도 인터뷰 | KBS방송
★ **Press Conference |** 2016 BTS Live 花樣年華 On Stage : Epilogue Concert
★ **YouTube |** (ENG) Let’s BTS! #24 - I think those lyrics really changed me I KBS WORLD TV 210330
★ **YouTube |** [EPISODE] BTS (방탄소년단) ‘불타오르네 (FIRE)’ MV Shooting

CHAPITRE 6
Magic Shop

★ **Press Conference |** ‘FAKE LOVE’ Global Press Conference
★ **V LIVE |** RM : LOVE YOURSELF 轉 ‘Tear’ Behind

CHAPITRE 7
We are Bulletproof : the Eternal

★ **V LIVE |** [Full] BTS Comeback Special: ‘보’이는 ‘라’이브 ‘해’요
★ **V LIVE |** 남준이의 7 비하인드 😂

CHAPITRE 8
소우주 (Mikrokosmos)

★ **V LIVE |** BTS 꿀FM 06.13 : Comeback Special
★ **TV Program |** 유퀴즈 온 더 블럭 Ep.99
★ **V LIVE |** RM - MAP OF THE SOUL : PERSONA Behind

CHAPITRE 9
봄날 (Spring Day)

★ **V LIVE |** [REPLAY] BTS ‘YOU NEVER WALK ALONE’ Preview SHOW
★ **V LIVE |** [REPLAY] RM’s WINGS 외전 BEHIND 😚
★ **Press Conference |** THE WINGS TOUR 2017 BTS LIVE TRILOGY EPISODE III

CHAPITRE 10
Yet To Come

★ **YouTube |** BTS (방탄소년단) ‘Proof’ Live 20220613
★ **Melon Station I** 17화. 방탄소년단 - 새 앨범 <Proof> 소개
★ **Weverse |** BTS Weverse Magazine Interview
★ **TV Program |** *IN THE SOOP* Ep.8

RÉFÉRENCES :

Résultats de l'enquête sur les chansons de BTS qu'ARMY préfère

1 Contenu BTS : *Run BTS 2021 Viewer Survey* - EP.144

★ Période d'enquête : 15 avril 2021 - 16 avril 2021
★ Enquête menée par : l'équipe de production de *Run BTS*
★ Participants à l'enquête : 204 434 ARMY
★ Méthode d'enquête : en ligne (Weverse)
○ Cette enquête a été menée avant la sortie de « Yet To Come ».

* Les résultats présentés ici ne couvrent qu'une partie des deux enquêtes. Les titres en couleurs sont ceux des chansons traitées dans ce livre.

Contenu BTS : *Run BTS 2021 Viewer Survey*							
Questionnaire / Classement de la réponse	Quelle chanson de BTS m'a fait craquer ? #Première_chanson_coup_de_cœur	Quelle chanson de BTS est ma chanson numéro un ? #Ma_chanson_n°1	Quelle est la chanson de BTS qui m'a le plus guéri ? #Chanson_de_guérison	Quelle chanson de BTS est la plus agréable à écouter en été ? #Chanson_dété	Quelle chanson de BTS est la plus agréable à écouter avant d'aller se coucher ? #Chanson_pour_dormir	Quelle chanson de BTS est la plus écoutée au travail ? #Chanson_ pour_ travailler	Quelle chanson de BTS est la plus agréable à écouter pour mettre de l'ambiance ? #Mettre_lambiance
1	작은 것들을 위한 시 (Boy With Luv)	봄날	Magic Shop	Dynamite	00:00 (Zero O'Clock)	Dynamite	Dynamite
2	Dynamite	Dynamite	Answer : Love Myself	Airplane pt.2	Blue & Grey	MIC Drop	IDOL
3	DNA	MIC Drop	Life Goes On	So What	Life Goes On	Pied Piper	불타오르네 (FIRE)
4	피 땀 눈물	Black Swan	봄날	불타오르네 (FIRE)	소우주 (Mikrokosmos)	불타오르네 (FIRE)	MIC Drop
5	FAKE LOVE	Magic Shop	소우주 (Mikrokosmos)	작은 것들을 위한 시 (Boy With Luv)	Magic Shop	욱 (UGH!)	Anpanman
6	MIC Drop	Answer : Love Myself	00:00 (Zero O'Clock)	봄날	전하지 못한 진심	ON	작은 것들을 위한 시 (Boy With Luv)
7	봄날	Life Goes On	둘! 셋! (그래도 좋은 날이 더 많기를)	잠시	봄날	Life Goes On	홍탄소년단
8	쩔어	피 땀 눈물	Blue & Grey	IDOL	Film Out	IDOL	병
9	불타오르네 (FIRE)	FAKE LOVE	We are Bulletproof : the Eternal	Anpanman	Butterfly	Not Today	쩔어
10	IDOL	작은 것들을 위한 시 (Boy With Luv)	낙원	HOME	We are Bulletproof : the Eternal	병	Life Goes On

2 DJ SUGA's Honey FM 06.13 ≪ 방탄소년단 음악선거 (Vote de la musique de BTS) 2020 ≫

★ Période d'enquête : 10 juin 2020 – 11 juin 2020

★ Enquête menée par : HYBE 360 Artist Contents 1 Studio

★ Participants à l'enquête : 145 520 ARMY

★ Méthode d'enquête : en ligne (Twitter @bts_bighit)

○ Cette enquête a été menée avant la sortie de « Life Goes On » et de « Yet To Come ».

Contenu BTS : *Run BTS 2021 Viewer Survey*	DJ SUGA's Honey FM 06.13 « 방탄소년단 음악선거 (Vote de la musique de BTS) 2020 »							
Questionnaire / Classement de la réponse	Quelle est ma chorégraphie de BTS préférée ? #Chorégraphie_préférée	Quelle est la meilleure performance télé de BTS de tous les temps ? #Meilleure_Performance	Quelle est ma chanson de BTS préférée ? #Ma_chanson_n°1	Quelle chanson souhaiterais-je que le public apprécie davantage ? #Grand_public	Quelle performance scénique souhaiterais-je voir avant la fin de l'année ? #À_voir_sur_scène	Quelle chanson recommanderais-je à un non-ARMY ? #Chanson_recommandée_pour_les_non-ARMY	Quelle est la chanson la plus agréable à écouter en rentrant de l'école ou du travail ? #À_écouter_sur_le_chemin_vers_la_maison	Quelle chanson me donne le plus d'énergie quand je suis fatigué ? #Chanson_pour_quand_on_est_fatigué
1	MIC Drop	2019 MMA Dionysus	봄날	봄날	We are Bulletproof : the Eternal	봄날	봄날	Answer : Love Myself
2	ON	2018 MMA IDOL	We are Bulletproof : the Eternal	ON	욱 (UGH!)	MIC Drop	00:00 (Zero O'Clock)	Magic Shop
3	Black Swan	2017 MAMA MIC Drop	소우주 (Mikrokosmos)	작은 것들을 위한 시 (Boy With Luv)	Louder than bombs	ON	소우주 (Mikrokosmos)	욱 (UGH!)
4	Dynamite	2020 MMA Black Swan	Magic Shop	We are Bulletproof : the Eternal	친구	피 땀 눈물	HOME	ON
5	피 땀 눈물	2018 MAMA IDOL	EPILOGUE : Young Forever	Answer : Love Myself	00:00 (Zero O'Clock)	FAKE LOVE	Magic Shop	So What
6	IDOL	2018 MAMA FAKE LOVE	Answer : Love Myself	피 땀 눈물	바다	I NEED U	We are Bulletproof : the Eternal	둘! 셋! (그래도 좋은 날이 더 많기를)
7	작은 것들을 위한 시 (Boy With Luv)	2020 MAMA ON	Pied Piper	DNA	낙원	Black Swan	Answer : Love Myself	00:00 (Zero O'Clock)
8	FAKE LOVE	-	I NEED U	MIC Drop	ON	작은 것들을 위한 시 (Boy With Luv)	Pied Piper	MIC Drop
9	뱁새	-	00:00 (Zero O'Clock)	IDOL	봄날	소우주 (Mikrokosmos)	Best Of Me	불타오르네 (FIRE)
10	Dionysus	-	Butterfly	FAKE LOVE	EPILOGUE : Young Forever	Answer : Love Myself	EPILOGUE : Young Forever	Not Today

• MMA : Melon Music Awards
• MAMA : Mnet Asian Music Awards